LA
Prison de Jeanne d'Arc
A ROUEN

ÉTUDE HISTORIQUE ET ARCHÉOLOGIQUE

Par

Le Commandant R. QUENEDEY

**Membre de la Commission des Antiquités
de la Seine-Inférieure
Correspondant du Ministère de l'Instruction publique et des Beaux-Arts**

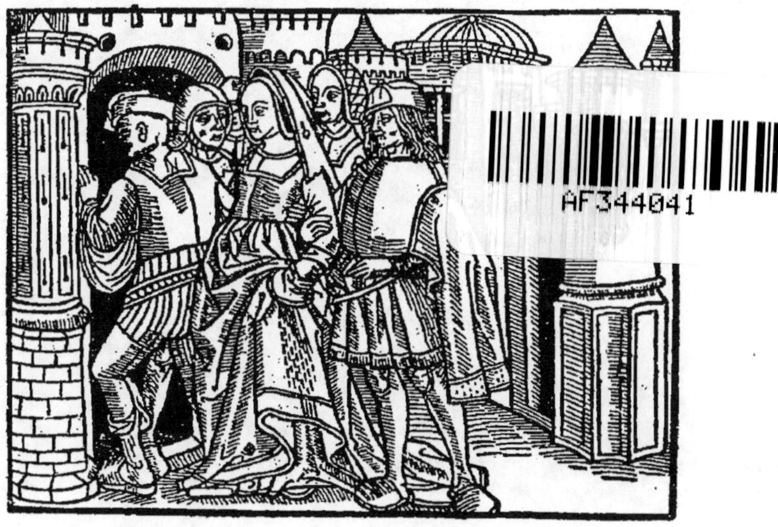

CHAMPION	DEFONTAINE
Éditeur	Éditeur
5, Quai Malaquais, 5	41, rue de la Grosse-Horloge, 41
PARIS	ROUEN

1923

LA
Prison de Jeanne d'Arc

A ROUEN

ÉTUDE HISTORIQUE ET ARCHÉOLOGIQUE

Par

Le Commandant R. QUENEDEY

Membre de la Commission des Antiquités
de la Seine-Inférieure
Correspondant du Ministère de l'Instruction publique et des Beaux-Arts

CHAMPION
Éditeur
5, Quai Malaquais, 5
PARIS

DEFONTAINE
Éditeur
41, rue de la Grosse-Horloge, 41
ROUEN

1923

————————

*Il a été tiré de cette édition trente exemplaires,
numérotés, sur papier de luxe.*

————————

LA PRISON DE JEANNE D'ARC A ROUEN

ÉTUDE HISTORIQUE ET ARCHÉOLOGIQUE

Par M. le Commandant QUENEDEY

I. — LES DONNÉES DU PROBLÈME

1. — Dans les derniers jours de décembre 1430 Jeanne d'Arc était amenée prisonnière à Rouen et enfermée dans le château de cette ville. Où fut-elle incarcérée ? Quelque étrange que cela puisse paraître, personne n'a jusqu'ici donné à cette question une réponse satisfaisante. Nous nous trouvons en présence de ce fait singulier que, tout en connaissant jusque dans leurs détails les événements qui se sont passés dans la prison, nous sommes dans l'impossibilité de les situer et de rendre à l'héroïne, la plus vivante incarnation du patriotisme français, le culte qui doit s'attacher au lieu où elle a souffert. C'est là une grave lacune qu'il importe de combler. Mais, pour que le problème ainsi posé soit réellement résolu, il faut que la solution obtenue réponde aux exigences de la connaissance scientifique, seule susceptible de donner un appui sérieux à la conviction. C'est donc par la technique et par le calcul que nous sommes conduits à traiter cette question d'un intérêt si puissant au point de vue sentimental.

Le problème a été abordé plus d'une fois et cela nous

a valu un important résultat : Bouquet et, après lui, Deville ont nettement établi que Jeanne avait été enfermée dans la tour du château dite *Tour vers les champs* et connue par la suite sous le nom de *Tour de la Pucelle* (1). Si Hellis a combattu cette opinion, sa thèse n'a pu prévaloir contre l'argumentation de Deville. Mais le désaccord devient complet quand il s'agit de la salle ayant servi de prison. Bouquet la place dans la partie inférieure de la tour; Deville la situe au premier étage; enfin, selon Hellis, Jeanne aurait été incarcérée durant presque toute sa détention dans un corps de bâtiment du château et ne se serait trouvée enfermée dans la tour qu'en avril, pendant sa maladie.

Sollicité en 1920, à l'occasion de la fête de Jeanne d'Arc, de prononcer quelques paroles sur le séjour de Jeanne dans la Tour de la Pucelle, nous avons été amené à reprendre nous aussi ce problème difficile, bien fait pour séduire un archéologue, mais aussi pour le lasser : à chaque pas surgissent des obstacles de nature à dérouter l'esprit le plus averti et nécessitant des recherches dans les domaines les plus divers. Les problèmes succèdent aux problèmes. Une fois entré dans la filière, il faut ou persévérer, ou tout abandonner. Nous avons tenu à aller jusqu'au bout et c'est la solution ainsi élaborée que nous présentons ici.

Dans la poursuite de cette solution, nous avons eu sur nos devanciers un double avantage. Tout d'abord, en ce qui concerne les sources mêmes, les fouilles du début du XXe siècle sur l'emplacement du vieux château nous ont fourni des renseignements complémentaires

(1) Contrairement à une assertion récemment reproduite par M. Paul Gruyer, dans *Un mois en Normandie*. Paris, Hachette, s. d. (1922), p. 112.

de nature à nécessiter la reprise du problème. Grâce à ces renseignements, nous avons réussi à préciser plusieurs points essentiels : les découvertes faites sous terre ont donné la clef des dispositions adoptées dans les constructions élevées au-dessus du sol. Mais, indépendamment de cette question de faits nouveaux, la supériorité des méthodes actuelles nous a permis de mieux utiliser les données dont avaient disposé nos prédécesseurs. Elle nous a conduit à mettre en œuvre des matériaux dont ils n'avaient pas tiré parti, comme les données relatives aux différences de niveau. De plus, elle nous a facilité l'exploitation intégrale des sources déjà utilisées, dont il a été possible dans plusieurs cas de tirer encore des renseignements précieux.

Nous avons parlé de problème : de fait, c'est sous la forme d'un véritable problème que se présente la question et c'est sous cette forme que nous allons la traiter. Nous la définirons ainsi : *déterminer, avec toute la précision que comportent les données, l'emplacement et les dispositions de la prison de Jeanne d'Arc à Rouen.*

Dans notre exposé, nous avons retracé toute la chaîne des raisonnements qui nous ont conduit au but. Pour plus de clarté, nous avons conclu chacune des parties successivement traitées en mettant en évidence les résultats acquis. La question de l'escalier, qui présente un caractère plus technique que les autres, s'adresse plus spécialement aux archéologues, bien que nous nous soyons efforcé de la rendre intelligible à tous. Les personnes qui la trouveraient trop ardue peuvent se contenter de se reporter aux résultats.

2. — Examinons d'abord les sources. Elles se rangent dans quatre catégories principales :

1° Les dépositions contenues dans les procès de condamnation et de réhabilitation de Jeanne d'Arc.

Elles ont été publiées par Quicherat et par Champion (1) et d'ailleurs très méthodiquement exploitées par Bouquet et Deville. Elles fournissent des renseignements assez nombreux; les uns, très nets, peuvent être acceptés sans discussion; les autres, plus vagues, ne doivent être interprétés qu'avec précaution : dans ce cas, il convient de se rappeler que, suivant la juste remarque de Deville, le rédacteur n'était pas un fort latiniste et que ses expressions ne doivent pas être prises au pied de la lettre. Quant à la sincérité des témoignages, elle ne saurait être mise en doute : les témoins n'ont évidemment eu en général aucun intérêt à donner de fausses indications sur les questions de lieu, qui sont à peu près les seules dont nous ayons à nous occuper ici.

2° Les documents descriptifs. Au premier rang se place le plan colorié du célèbre manuscrit du *Livre des Fontaines de Rouen*, composé par Jacques Le Lieur et terminé en 1525; on y trouve une figuration en perspective du château de Rouen avec la Tour de la Pucelle (2). Ce document prend une réelle valeur du fait que les grands monuments y sont fidèlement

(1) Quicherat, *Procès de condamnation et de réhabilitation de Jeanne d'Arc*. Paris, Renouard, 5 vol., MDCCCXLI à MDCCCXLIX. — Joseph Fabre, *Procès de réhabilitation de Jeanne d'Arc*, raconté et traduit d'après les textes officiels. Paris, Hachette, 1913, 2 vol. — Pierre Champion, *Procès de condamnation de Jeanne d'Arc*, t. I, texte latin; t. II, introduction, traduction et notes. Paris, Champion, 1920, 1921.

(2) Jacques Le Lieur, *Livre des Fontaines de Rouen*. Bibliothèque municipale de Rouen, ms. G 3. — « Le Livre enchaîné » ou *Livre des Fontaines de Rouen*, par Jacques Le Lieur, publié intégralement par Victor Sanson, texte et planches. Rouen, Wolf, 1911.

représentés dans leurs éléments essentiels, ainsi que le fait ressortir la comparaison avec les édifices encore existants. Remarque qui a son importance, à la partie inférieure de la Tour de la Pucelle sont figurés des trous que nous avons retrouvés dans la base conservée de cette tour. Quelques autres plans nous donnent aussi une représentation du vieux château, mais à une plus petite échelle (1). Enfin, une lithographie, due à Jolimont, nous montre la Tour de la Pucelle au début du xixᵉ siècle.

Dans la même catégorie de documents se rangent le *Château fortifié*, de Farin, le grand historien de Rouen, qui précise l'état des lieux en 1635-1641, et plusieurs visites de la Tour de la Pucelle, faites à la fin du xviiiᵉ siècle et au commencement du xixᵉ, récits circonstanciés et précis d'une valeur incontestable (2).

3° Toute une série de mémoires critiques de Stabenrath, Ballin, Bouquet, Deville, Hellis et de M. G. Dubosc, sans compter d'autres articles présentant peu d'intérêt. Grâce à ces études, certains points peuvent être considérés comme acquis, les autres n'ayant pas été, d'autre part, suffisamment élucidés (3).

---

(1) Belleforest. *Le pourtraict de la ville de Rouen*, 1575, dans *La cosmographie universelle de tout le monde*. Paris, 1575, 2 vol. — Mathurin Breuille. *Le vray pourtraict de la ville de Rouen assiégée et prise par le roi Charles 9.* Paris, s. d.

(2) Farin, *Le château fortifié*, ms. publié par J. Félix. Société rouennaise des Bibliophiles. Rouen, Cagniard, M.DCCC.LXXXIV. Plan. — Visite faite en 1798 ou 1799 et visite de Guilbert en l'an XI (1803). Elles sont relatées par F. Bouquet dans *Jeanne d'Arc au château de Rouen*, la première, p. 123-124, et la deuxième, p. 125. — *Constatations faites en 1805*, dans *Gazette nationale ou Le Moniteur universel* du Mardi 8 prairial an 13 de la République (28 mai 1805), p. 1030. Ce document nous a été indiqué par M. G. Dubosc.

(3) De Stabenrath, *Notice sur un manuscrit de Farin* intitulé *Le Château fortifié*, dans *Précis des travaux de l'Académie des*

4° Les résultats des fouilles exécutées dans les premières années du xxᵉ siècle et notamment en 1908. Ils ont été en grande partie consignés dans les mémoires de M. Delabarre sur la Tour de la Pucelle et les restes du château de Philippe Auguste, ainsi que que dans plusieurs autres articles (1). Nous avons

Sciences, Belles-Lettres et Arts de Rouen. Rouen, Périaux, année 1841, p. 325-337. — Ballin, *Renseignements sur le Vieux-Château de Rouen. Ibid.*, p. 338-352. — F. Bouquet, *Jeanne d'Arc au château de Rouen.* Rouen, Cagniard, 1865 (Extrait de la *Revue de la Normandie* de 1865). — M. Hellis, *La prison de Jeanne d'Arc à Rouen.* Rouen, Le Brument, 1865. — A. Deville, *La Tour de la Pucelle du château de Rouen,* dans *Précis de l'Académie de Rouen,* année 1865-1866, p. 236-268. — M. Hellis, *La prison de Jeanne d'Arc à Rouen; Réponse à M. Deville. Ibid.,* p. 269-279. — G. Dubosc, *Les Vestiges de la « Tour de la Pucelle »,* dans le *Journal de Rouen* du 26 avril 1908.

On trouve des renseignements intéressants dans Albert Sarrazin, *Jeanne d'Arc et la Normandie au XVᵉ siècle.* Rouen, Gy, 1896. Plan et fig. Mise au point des connaissances acquises en 1896. — Albert Sarrazin, *Le bourreau de Jeanne d'Arc.* Rouen, Gy, 1910. — G. Dubosc, *Autour de la vie de Jeanne d'Arc.* Rouen, Defontaine, 1920. — G. Dubosc, *Les fossés de la « Tour Jeanne-Darc »,* dans le *Journal de Rouen* du 2 septembre 1906. — G. Dubosc, *La Fierte de Saint-Romain au Vieux-Château de Rouen* en 1483, dans le *Journal de Rouen* du 26 mai 1911. — A. Sarrazin, *Le Vieux-Château de Rouen.* Rouen, Lecerf, 1911. (Extrait du *Bulletin de la Société des Amis des Monuments rouennais,* année 1910). — G. Dubosc, *Nouveaux documents sur le château de Rouen,* dans le *Journal de Rouen* du 19 juin 1921.

(1) Ed. Delabarre, *Notes sur les fouilles exécutées à l'emplacement du château de Philippe-Auguste à Rouen,* dans *Bulletin de la Société industrielle de Rouen.* Rouen, Girieud, novembre-décembre 1907, p. 553-569. — Ed. Delabarre, *La Tour de la Pucelle.* Rouen, Girieud, 1908. (Extrait du *Bulletin de la Société industrielle de Rouen,* année 1908). — Ed. Delabarre, *Les restes du château de Philippe-Auguste et des Arènes romaines de Rouen.* Rouen, Gy, 1911. (Extrait du *Bulletin de la Commission départementale des Antiquités de la Seine-Inférieure,* t. XV, 2ᵉ livraison, 1911, p. 233-262). — Ed. Delabarre, *Note sur une des tours de la porte d'entrée du château de Philippe-Auguste, à Rouen, côté de la ville.* Rouen, Girieud, 1909.

complété ces données par les relevés que, grâce à l'obligeance de M. l'architecte Dagnet, propriétaire de la maison 102, rue Jeanne-d'Arc, nous avons faits nous-même sur les restes de la Tour de la Pucelle.

3. — Les sources d'information ainsi énumérées, analysons les éléments qu'elles nous fournissent pour servir de base à notre reconstitution. Ces éléments sont les suivants :

1° Les dispositions du vieux château, telles que nous les font connaître le plan du *Livre des Fontaines*,

(Extrait du *Bulletin de la Société industrielle de Rouen*, septembre-octobre 1909).

Bulletin de la Société des Amis des Monuments rouennais. Rouen, Lecerf. Année 1907, p. 33-36. C. Gogeard, *Notice sur les fouilles effectuées près de la Tour Jeanne-d'Arc et plan de ces fouilles.* — Année 1908. Raoul Aubé, *Chronique artistique et monumentale. La Tour de la Pucelle*, p. 170-175. Photographies. — C. Gogeard, *Notes sur les fouilles opérées en 1908 sur l'emplacement du château de Philippe-Auguste*, p. 174-175. Plan. — Année 1909. *Chronique artistique et monumentale.* C. Gogeard, *Note sur les fouilles effectuées en 1909 sur l'emplacement du château de Philippe-Auguste*, p. 172-173.

Précis analytique des travaux de l'Académie des Sciences, Belles-Lettres et Arts de Rouen, 1907-1908, p. 308-310. G. de Beaurepaire, *Rapport sur les travaux de la classe des Belles-Lettres et Arts. Communication de M. Sarrazin sur les fouilles opérées sur l'emplacement du Vieux-Château à Rouen.*

Revue Jeanne-d'Arc. Albert Sarrazin, *Les fouilles du Vieux-Château de Rouen et les vestiges de la Tour de la Pucelle.* N° 4 (15 mai 1908), p. 85-89 ; n° 5 (15 juin 1908), p. 106-110 ; n° 6 (15 juillet 1908), p. 127-133. — Albert Sarrazin, *Les vestiges de la Tour où Jeanne d'Arc fut prisonnière. M. Dujardin-Beaumetz à Rouen.* N° 10 (15 novembre 1908), p. 236.

Journal de Rouen. G. Dubosc, Articles mentionnant les découvertes faites dans les fouilles occasionnées par les travaux de construction ou de voirie à l'emplacement du Vieux-Château. N°ˢ des 8, 14 et 20 mai 1914 ; 12 juin 1914 ; 10 mai 1921 ; 21 juin 1921.

le plan et la description du *Château fortifié* et les fouilles du xxᵉ siècle. Elles nous permettront de préciser certains points de la question. On sait que le château de Rouen a été construit par Philippe Auguste en 1204 ou 1205 (1), après la conquête de la Normandie. Il présente une particularité remarquable : il paraît avoir été élevé sur les substructions d'un ancien amphithéâtre gallo-romain. Telle est la thèse de l'abbé Cochet et de M. Delabarre, thèse dont les conclusions se trouvent constamment vérifiées par les résultats des fouilles occasionnées par les travaux de construction (2). Bien que nous connaissions le château de Rouen par des documents du commencement du xviᵉ siècle et du début du xviiᵉ, nous pouvons cependant être assurés que, sauf en ce qui concerne le couronnement de certains ouvrages, ses dispositions n'ont guère varié; en plan, par suite des conditions dans lesquelles il a été construit, et en élévation, parce qu'il a conservé la majeure partie des caractères du xiiiᵉ siècle, tels que les tours secondaires surmontées de combles et le commandement de ces organes de flanquement sur les courtines.

Il affectait approximativement la forme d'une ellipse dont le grand axe était orienté du Nord-Ouest au Sud-Est et le petit, du Nord-Est au Sud-Ouest (Fig. 1). Cette aire elliptique était divisée intérieurement en deux parties inégales par un arc sensiblement concentrique à la partie Sud de l'enceinte. Au Nord de cet arc s'étendait le château proprement dit et au Sud, la

(1) Farin, *Histoire de la ville de Rouen*. Rouen, Bonaventure Le Brun, M.DCC.XXXVIII, t. I, 1ʳᵉ partie, chap. XXI, p. 97.

(2) Ed. Delabarre, *Notes sur les fouilles exécutées à l'emplacement du château de Philippe-Auguste, à Rouen*. Notamment p. 557-565.

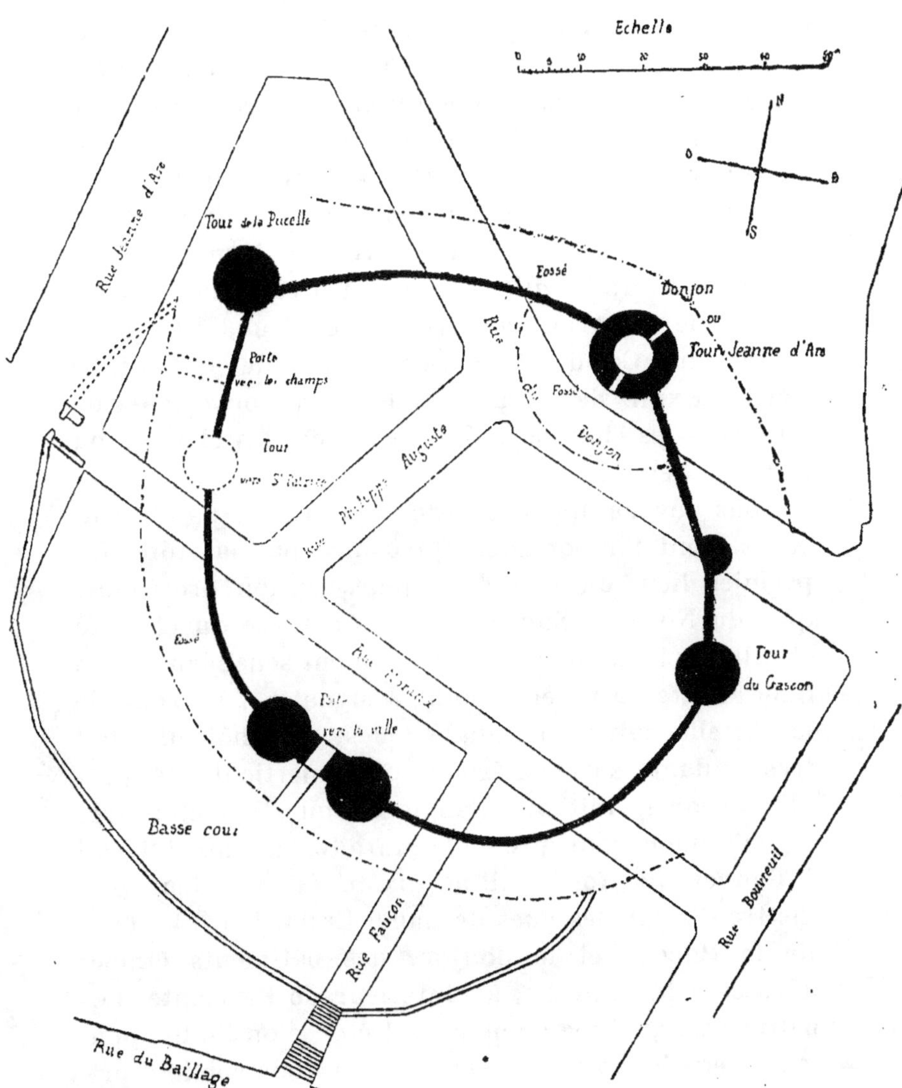

FIG. 1. — Plan du Château de Rouen.

basse-cour, cette dernière en forme de bande circulaire (1). Le château proprement dit était flanqué de plusieurs tours. Nous ne retiendrons que les principales : aux deux extrémités du grand axe, la Tour du Gascon à l'Est et la Tour de la Pucelle à l'Ouest; sur le petit axe, le donjon ou Grosse Tour, au Nord, et les deux tours encadrant la porte vers le Sud; à peu près en face, plus au Sud, se trouvait la porte de la basse-cour vers la ville. Au Sud et près de la Tour de la Pucelle s'ouvrait la porte du château, dite porte postérieure. Ces dénominations sont celles qu'indique Farin au XVIIᵉ siècle; au XVᵉ siècle, on trouve celles de tour vers les champs et de porte vers les champs ou porte de derrière.

Nous devons appeler l'attention sur les points suivants, dont l'importance apparaîtra par la suite. En premier lieu, on voit par la description précédente que, du Nord au Sud, le donjon, l'entrée du château et celle de la basse-cour se trouvaient sensiblement en ligne droite. Deuxième point à signaler : la Tour de la Pucelle, située à l'angle Ouest du château, était très saillante sur l'extérieur. Cette particularité s'explique par le fait que l'angle en question était très aigu et que la courbure de la muraille en plan obligeait à donner une forte saillie aux tours pour leur permettre d'avoir des vues de flanc. Enfin, entre la Tour de la Pucelle et le donjon, des bâtiments étaient adossés à la muraille, à l'intérieur de l'enceinte. Ces bâtiments, quoique anciens, ont été, selon toute apparence, élevés postérieurement à la construction primitive; ils avaient peu de profondeur, particulière-

---

(1) Dans *le Château fortifié*, de Farin, le château proprement dit est dénommé *le pourpris* et la basse-cour *le baile*.

ment à leurs extrémités, près des tours, et ne pouvaient s'étendre jusqu'à toucher la Tour de la Pucelle, ce qui en aurait empêché l'accès, ainsi qu'on le verra plus tard.

2° Le fait, nettement établi par Bouquet et Deville, que Jeanne fut incarcérée dans la Tour de la Pucelle. Ce point important mérite d'être examiné de près. On y reviendra plus loin.

3° Les indications fournies par les témoignages du procès de réhabilitation sur la situation de la chambre où Jeanne d'Arc fut enfermée, indications que Bouquet résume ainsi (1) : « Chambre placée *dans une tour*, vers la porte de derrière, *où l'on montait par huit marches* et *située sous un degré* vers les champs » (2).

4° Le renseignement d'un caractère tout spécial, donné par le témoignage de Massieu. Massieu, prêtre et appariteur, fut chargé pendant tout le procès de conduire Jeanne d'Arc de la prison à la salle du juge-

----

(1) Bouquet, *op. cit.*, p. 13.

(2) Dépositions de : Macy, chevalier : *in quodam carcere versus campos* (Quicherat, *op. cit.*, t. III, p. 121). — Daron, lieutenant du bailli ; une première fois : *in quadam turri;* une deuxième : *in carcere, in quadam turri.* (*Ibid.*, t. III, p. 200). — Tiphaine, maître ès arts, docteur et chanoine : *in carceribus, in quadam turri castri.* (*Ibid.*, t. III, p. 48). — Taquel, curé de Basqueville : *in quadam turri versus campos.* (*Ibid.*, t. II, p. 317). — Cusquel, rouennais ; une première fois : *vidit eam bis aut ter, in quadam camera castri Rothomagensis, versus portam posteriorem.* (*Ibid.*, t. II, p. 305) ; une deuxième : *in quadam camera sita subtus quemdam gradum, versus campos.* (*Ibid.*, t. II, p. 345) ; une troisième : *in quadam camera sita subtus quemdam gradum versus campos.* (*Ibid.*, t. III, p. 180). — Il convient d'ajouter à ces dépositions celle de Massieu : *camera... in qua ascendebatur per octo gradus.* (*Ibid.*, t. III, p. 154). — Tous ces témoins virent Jeanne dans sa prison. Cf. Bouquet, *op. cit.*, p. 8-11, où il analyse avec beaucoup de sagacité tous ces témoignages.

ment. *Deponuit quod, de carcere, scit veraciter quod ipsa Johanna erat in castro Rothomagensi, in quadam camera media, in qua ascendebatur per octo gradus* (1).

5° Les particularités de la Tour de la Pucelle indiquées par le plan du *Livre des Fontaines* (Fig. 2). Sur ce plan, les divers bâtiments sont représentés en élévation et rabattus sur le terrain. Le château, pris du côté du Nord, est étendu de part et d'autre du donjon, de manière à mieux en montrer les diverses parties, préoccupation marquant le souci d'en donner une image aussi exacte que possible. Les dispositions figurées sont d'ailleurs logiques et conformes aux usages du Moyen Age; on peut donc les accepter avec une grande confiance, tout au moins en ce qui concerne les caractères descriptifs. La Tour de la Pucelle y est vue du Nord. *Elle a trois étages* et un comble conique entouré d'un chemin de ronde couronnant le mur (2). Au rez-de-chaussée, on voit deux archères et au premier, une fenêtre. Ce sont là des caractères descriptifs d'autant plus dignes de foi que la fidélité déjà mentionnée dans la reproduction de la partie basse fait préjuger de l'exactitude des parties hautes.

(1) Quicherat, *op. cit.*, t. III, p. 154.

(2) La Tour de la Pucelle est la première à droite du donjon, qui se trouve au premier plan.

M. Delabarre a très justement fait remarquer que ce type de couronnement était assez souvent adopté dans les tours du commencement du XIIIe siècle ; que, de plus, le *Livre des Fontaines*, où nous le trouvons figuré pour les Tours de la Pucelle et du Gascon, présente à ce point de vue de grandes garanties d'exactitude : dans ce document, les autres tours sont terminées par un couronnement d'un type tout différent, caractéristique du XIVe siècle ou du XVe, résultant sans doute d'un remaniement. Le souci d'exactitude y est donc nettement visible. (Delabarre, *La Tour de la Pucelle*, p. 10-11).

FIG. 2. — Le Château de Rouen au commencement du XVIᵉ siècle. — *Livre des Fontaines de Rouen.*

Le sommet de la courtine, ou rempart, se trouve à un niveau un peu plus élevé que le premier étage de la tour; ce caractère est très nettement marqué, mais la valeur de la différence de niveau ne peut être regardée comme absolument exacte, les hauteurs paraissant approximatives. Par ailleurs, la partie supérieure de la courtine, avec sa toiture et ses mâchicoulis, semble avoir été modifiée postérieurement au XIII° siècle; elle ne saurait donc servir de base en ce qui concerne les dispositions fondamentales adoptées lors de la construction, dispositions qu'il est essentiel de déterminer pour connaître l'organisation intérieure.

Le plan de Belleforest, daté de 1575, mais paraissant reproduire des dispositions plus anciennes, nous montre le château vu du Sud. La Tour de la Pucelle y apparaît en partie; elle présente également un comble conique entouré d'un chemin de ronde crénelé.

6° La visite de la Tour de la Pucelle, faite en 1798 ou 1799 par un observateur sérieux, qui nous en a laissé un récit dont voici les passages essentiels : « Le jardinier [nous répondit que Jeanne d'Arc avait été enfermée] dans la partie inférieure d'une troisième [tour]... Il nous conduisit au pied d'une tour où nous pénétrâmes par une porte à niveau du sol tant extérieurement qu'intérieurement. L'intérieur de cette tour était sablé et parfaitement sec ainsi que la voûte et les parois intérieures de cette tour dont il ne restait rien de la partie supérieure. Il nous fit remarquer au centre un puits en pierres de taille de près de 2 mètres de diamètre sans eau, ayant environ 5 ou 6 mètres de profondeur; au-dessus de ce puits, il y avait une pierre formant clef de voûte où venaient s'appuyer les arcs boutants supportant la voûte en pierres, élevée au-dessus du sol à peu près de 3 à 4 mètres... Il me dit... qu'il allait nous faire voir ce qui restait des petits appartements où elle avait été enfermée... et nous fit voir, adossés à l'Est de ce reste de tour, deux appartements dont l'un pouvait avoir de 2 à 3 mètres de dimension et l'autre de moitié plus petit... Ces appartements étaient à environ 2 mètres d'élévation du sol de la tour tel que je l'ai vu. Je ne me rappelle pas qu'il y eut communication directe de ces appartements avec l'intérieur de la tour » (1). Cette description, bien que peu précise, présente des détails intéressants (2). Elle est complétée et précisée par la suivante.

7° La mention de la Tour de la Pucelle, faite par Guilbert en l'an XI (1803) : « Cette tour existe encore aujourd'hui, *quoiqu'elle soit un peu remplie* et endommagée. L'intérieur est d'une forme hexagone et partagée en six petites voûtes. Sa largeur est de 18 pieds et la hauteur de 12, à partir du cintre (3) ». Ces renseignements concis sont complets et très précis. Tout mérite d'y être retenu.

8° Un article du *Moniteur universel* de l'an XIII (1805) : Rouen, le 3 prairial (23 mai 1805). « On vient de découvrir, en creusant dans le jardin des Filles du Saint-Sacrement, la partie basse de la tour où fut enfermée Jeanne d'Arc. Sous le plancher de cette salle

(1) Bouquet, *op. cit.*, p. 123-124.

(2) On voit par ce récit que la porte par laquelle on pénétrait dans la tour en 1797 se trouvait éloignée du côté Est, par lequel la tour se rattachait au château. C'était donc une ouverture moderne.

(3) Guilbert, *Eloge historique de Jeanne d'Arc, surnommée la Pucelle d'Orléans*. Rouen, an XI (1803). Cité par Bouquet dans *op. cit.*, p. 125.

basse se trouve un puits, ou cul de basse-fosse, dans lequel on voit plusieurs anneaux de chaîne presque entièrement rongés par la rouille. On doit continuer les fouilles » (1). Ce document vague a son intérêt : il montre que l'on a dû creuser pour mettre à découvert le plancher ou aire de la salle du rez-de-chaussée.

9° La vue lithographique de Jolimont : *Tour où fut enfermée la Pucelle d'Orléans* (2) (Fig. 3). Sur cette vue, prise du côté du Nord, figurent le rez-de-chaussée et des restes du premier étage. Le rez-de-chaussée, dont la partie inférieure est en contre-bas du sol, est percé d'une grande brèche utilisée comme entrée; le terrain extérieur est partiellement abaissé vis-à-vis de cette brèche. Deux archères sont figurées au rez-de-chaussée; elles correspondent à celles qu'indique le *Livre des Fontaines*. C'est entre ces deux archères que se trouve la brèche, qui ne saurait d'ailleurs marquer l'emplacement de l'ancienne porte, puisque cette partie de la tour était orientée vers l'extérieur, ainsi qu'en font foi les archères. Par cette ouverture on voit une fenêtre qui s'ouvre plus à gauche dans la paroi opposée. Au premier étage, une autre brèche correspond sensiblement à la fenêtre indiquée par le *Livre des Fontaines* et, plus à droite, on distingue les restes d'une baie étroite. Il est intéressant de constater ces concordances entre les deux documents; elles en font ressortir la valeur en ce qui concerne les caractères descriptifs et la place des élé-

(1) *Gazette nationale ou Le Moniteur universel* du mardi 8 prairial, an 13 (28 mai 1805), p. 1030.

(2) Jolimont, *Monuments les plus remarquables de la ville de Rouen*. Paris, Leblanc, 1822, 23° pl. Cf. Reproduction dans Bouquet, *op. cit.*, p. 121 et 125, et dans Albert Sarrazin, *Jeanne d'Arc et la Normandie au XV° siècle*, p. 139.

ments architecturaux. Mais il est bien évident d'autre part qu'il ne faut pas demander à Jolimont des renseignements exacts au point de vue des dimensions et des mesures. C'est ainsi que la petite ouverture du premier étage devait se trouver située plus à droite : on s'explique ainsi qu'elle ne soit pas visible sur le *Livre des Fontaines.*

10° Les résultats des fouilles pratiquées à l'emplacement de l'ancien château, notamment en 1907. Ils nous renseignent sur plusieurs points intéressants (Fig. 1). Dans ces fouilles on dégagea la base du donjon, ses abords, le fossé intérieur qui le séparait de la cour du château, et des parties de la courtine qui le reliait à la Tour de la Pucelle; cette courtine avait 1 m. 20 d'épaisseur (1).

11° Les résultats des fouilles de 1908 relatives à la Tour de la Pucelle (Fig. 9 *bis* et 10 *bis*). Ces fouilles permirent d'en retrouver la souche, constituée par un soubassement plein, incliné en fruit, c'est-à-dire de forme conique, et dont la partie supérieure, marquée par un biseau, était surmontée de deux assises cylindriques, également pleines. Ce soubassement était traversé, un peu à l'Ouest du centre, par un puits de 1 m. 07 de diamètre, qui offre surtout de l'intérêt pour l'identification de la tour. La construction était dérasée jusqu'à 1 m. 20 en contre-bas du sol, c'est-à-dire jusqu'à la partie pleine cylindrique, dont le diamètre était de 10 mètres à 10 m. 50. Toutefois, il résulte de nos propres constatations qu'il existe encore, dans la partie Sud-Ouest, trois assises du mur

---

(1) Ed. Delabarre, *Notes sur les fouilles exécutées sur l'emplacement du château de Philippe-Auguste, à Rouen.* — Gogeard, *Notice sur les fouilles effectuées près de la Tour Jeanne-d'Arc et plan de ces fouilles.*

du rez-de-chaussée de la tour avec les restes d'une archère. Ce fait est extrêmement important au point de vue de la reconstitution. Nous avons également relevé plusieurs trous correspondant à ceux qui figurent dans le plan du *Livre des Fontaines* (1). Un mur, parallèle à la rue Jeanne-Darc, reposait sur le soubassement et passait par le centre.

Voilà les matériaux avec lesquels il s'agit de construire.

II. — LA TOUR

4. — La première question qui se pose est celle-ci : dans quelle partie du château de Rouen Jeanne d'Arc a-t-elle subi sa captivité? C'est certainement le seul point qui jusqu'ici ait été sérieusement établi. Bouquet, puis Deville en ont donné une solution si claire et si logique qu'on s'étonne de leur avoir vu des contradicteurs. Mais comme il s'en est trouvé et comme il s'agit ici d'un point fondamental, il est nécessaire d'examiner la question de près pour la régler et partir d'une base solide.

Bouquet a, le premier, résolu le problème (2). Ayant

---

(1) Les particularités relatives aux deux assises cylindriques de la partie pleine, aux restes du mur du rez-de-chaussée, à l'archère et aux trous de la base de la tour ont été relevées par nos propres constatations. Pour les autres renseignements sur les fouilles, voir les comptes rendus et études cités n° 10, 4°, note, et en particulier : Delabarre, *La Tour de la Pucelle*, p. 4-6. — Delabarre, *Les restes du château de Philippe-Auguste*, p. 8-9. — Gogeard, *Notes sur les fouilles opérées en 1908 sur l'emplacement du château de Philippe-Auguste*, p. 174-175. Nous tenons à exprimer nos remerciements à M. Dagnet, propriétaire de la maison renfermant les restes de la tour, pour l'obligeance avec laquelle il a facilité nos recherches et nous a fourni des renseignements sur les fouilles.

(2) Bouquet, *op. cit.*, p. 7-17 et 121-128.

recherché dans le Procès de réhabilitation les divers témoignages se rapportant à la prison de Jeanne d'Arc, il a relevé les désignations suivantes, répétées plusieurs fois :

Dans une tour;

Dans une tour vers les champs;

Dans une chambre vers les champs;

Dans une chambre vers la porte postérieure ou la porte de derrière (1).

Il en a déduit, dans une discussion fort intéressante et très correctement conduite, que Jeanne d'Arc avait été incarcérée dans la tour dite *vers les champs* près de la porte de derrière du château. Faisons remarquer dès à présent que les expressions *dans une chambre* et dans une tour n'ont rien de contradictoire, ainsi qu'en fait foi l'exemple suivant, d'autant plus probant qu'il est fourni par un document du temps de Jeanne d'Arc. Dans un compte de la Vicomté de Rouen de 1432, relatif à des réparations faites au château, il est question d' « une grosse serrure à boche pour *une des chambres de la grosse tour* où tient prison Poton de Sentreilles » (2). Ainsi les salles d'une tour étaient appelées des chambres.

Un autre fait, très significatif, démontre péremptoirement que, dans les témoignages, les expressions de chambre et de tour se rapportaient au même lieu. Taquel, *dans une même déposition,* emploie successivement ces deux expressions pour désigner la prison. Il dit d'abord qu' « il vit Jeanne en prison au château

---

(1) Voir n° 3, 3°, *notes.*

(2) Fragment d'un compte de la Vicomté de Rouen de l'année 1432, publié par de Beaurepaire dans *Précis des travaux de l'Académie de Rouen,* année 1855-1856, p. 330-343. Voir p. 332.

de Rouen, dans une tour vers les champs — *vidit eamdam Johannam in carceribus castri Rothomagensis, in quadam turri versus campos* (1). Et plus loin : « il sait bien que la dite Jeanne était en prison, comme il l'a dit plus haut... un Anglais avait la garde de la porte de la chambre et de la prison — *bene scit quod dicta Johanna erat in carceribus, ut supra... erat unus Anglicus qui habebat custodiam ostii cameræ et carceris* » (2). Cette déposition a d'autant plus de valeur que Taquel a été présent aux interrogatoires à partir du 15 mars.

Où était cette *Tour vers les champs*, située *près de la porte de derrière* du château? Ici encore la solution de Bouquet s'impose. La porte dont il s'agit ici, parfaitement visible sur le plan du *Livre des Fontaines*, se trouvait sur l'enceinte Ouest du château entre deux tours (3). Le compte de 1432 nous apprend qu'à cette époque l'une d'elles était désignée sous le nom de *Tour devers Saint-Patrix* (4); or, en raison de l'orientation du château, cette dernière ne pouvait être que celle du Sud. *La Tour vers les champs* était donc au Nord de la porte. C'est cette tour qui a reçu depuis le nom de *Tour de la Pucelle*. Elle a été identifiée par Farin en 1635, d'après les témoignages de plusieurs vieillards qui rapportaient une tradition du XVIᵉ siècle, antérieure à eux, touchant par conséquent l'époque de Jeanne d'Arc. Figurant sur le plan de 1641, elle est mentionnée, toujours sous le même nom, dans des

---

(1) Quicherat, *op. cit.*, t. II, p. 317.

(2) *Ibid.*, t. II, p. 318.

(3) Elle est d'ailleurs mentionnée dans le compte de 1432 : « l'issue dudit chastel en costé devers les champs ». (*Ibid.*, p. 334).

(4) Compte de la vicomté de Rouen, de l'année 1432, p. 331.

Fig. 3. — La tour de la Pucelle au commencement du xixe siècle.

récits et dans des actes en 1659, 1685, 1700, 1769, 1781, 1796, ainsi que dans les visites de 1798 (ou 1799) et 1803. Enfin, elle a la même désignation sur le dessin de Jolimont, exécuté un peu avant sa destruction. Elle a été rasée vers 1809 (1).

La valeur de la détermination historique de Bouquet apparaît comme incontestable et la solution de cet historien, qui satisfait aux conditions de concordance des témoignages et de continuité des faits, entraîne la conviction.

5. — Elle a pourtant été combattue par Hellis. Cet auteur, ne pouvant méconnaître que Jeanne d'Arc avait été emprisonnée dans la tour, a prétendu qu'elle n'y avait séjourné que momentanément (2). C'est là une question très grave; car, si le fait était exact, il aurait pour conséquence de briser le faisceau de renseignements que nous possédons en provoquant l'incertitude sur le lieu auquel se rapportent les témoignages. Il importe donc de l'élucider.

Examinée de près, l'argumentation d'Hellis est des plus faibles. Elle oppose aux partisans de la tour l'allégation étrange que le puits existant dans la Tour de la Pucelle aurait été incompatible avec l'usage et le secret d'une prison et l'affirmation purement gratuite que cette tour était trop petite pour contenir les juges et assesseurs qui sont venus y tenir séance. Mais Hellis tire son principal argument du fait que plusieurs témoins ont déclaré avoir vu Jeanne dans une chambre, sans parler de tour; on a vu plus

---

(1) Bouquet, *op. cit.*, p. 121-128.
(2) Hellis, *La prison de Jeanne d'Arc, à Rouen* (1865). Dans sa réponse à Deville en 1866, Hellis ne fait que reproduire les mêmes arguments.

haut que cette objection ne reposait sur aucune base sérieuse. Ne pouvant nier que Jeanne ait été enfermée dans la tour, il imagine qu'on l'y a transférée en avril pendant sa maladie; il donne d'ailleurs de ce transfert une raison surprenante pour ceux qui connaissent les dispositions des tours du Moyen Age : on l'aurait effectué pour donner à la malade un local plus salubre! Selon lui, deux témoins, Tiphaine et Taquel, parmi les trois qui ont vu Jeanne dans une tour, l'auraient visitée en avril, alors qu'elle avait provisoirement changé de prison.

Les propositions d'Hellis eurent leur contre-partie dans le mémoire contradictoire que Deville présenta à l'Académie de Rouen en 1866 (1). Deville n'eut pas de peine à réfuter les arguments d'Hellis. Il rappela les témoignages cités par Bouquet en y ajoutant l'affirmation si catégorique de Simon Chapitault, Promoteur du procès de révision : « l'évêque de Beauvais l'envoya dans une tour très forte au château de Rouen — *dimisit in turri fortissima scilicet in castro Rothomagensi* » (2). Il objecta que les expressions de chambre et de tour n'étaient pas incompatibles; il établit que la Tour de la Pucelle, d'après ce que l'on en connaissait, était suffisamment spacieuse pour permettre aux juges de trouver place dans la prison. Il montra que les témoins ayant parlé de la tour avaient forcément vu Jeanne à différentes époques, que Taquel, en particulier, avait assisté aux interrogatoires *à partir du 15 mars*. Enfin, il prouva clairement que les témoins, qu'ils eussent parlé de tour ou de chambre, avaient fait

---

(1) Deville, *La Tour de la Pucelle du château de Rouen. Précis des travaux de l'Académie de Rouen*, année 1865-1866.
(2) *Ibid.*, p. 252.

des descriptions *parfaitement concordantes et avaient tous vu la même chose.* Si l'on vérifie les assertions de Deville, on constate le fait suivant : tandis que Taquel voyait Jeanne *dans une tour* le 15 mars et les jours suivants, Massieu et Cauchon la trouvaient *dans une chambre* les 17, 25, 31 mars; Massieu, qui, pendant tout le procès, accompagna la Pucelle dans ses allées et venues hors de la prison, ne parle jamais que d'un même local (1). Enfin, la déposition de Taquel est probante par elle-même. En définitive, la thèse d'Hellis est à rejeter. Cet auteur paraît avoir été animé principalement par l'esprit de contradiction.

6. — Un dernier point reste à considérer. Doit-on croire que Jeanne d'Arc ait été incarcérée non dans la tour même, mais dans ses dépendances? Les allégations du jardinier de 1798 tendraient à le faire admettre. Examinons-les. Elles indiquaient, comme locaux ayant servi de prison à la Pucelle, deux petites pièces attenant à la tour et sans communication avec elle (2). A première vue, cette solution paraît répondre assez bien à la question. La cote du plancher ou aire de ces pièces, à 2 mètres au-dessus du sol, aurait correspondu approximativement à la hauteur de huit marches, à condition toutefois de tabler sur des marches de 0 m. 25, dimension à la vérité exceptionnelle. Mais une raison majeure s'oppose à cette solution : c'est l'exiguïté de ces deux chambres. Les 2 à 3 mètres de la plus grande correspondraient à une superficie de 6 à 9 mètres carrés, insuffisante pour contenir les onze personnes qui ont, à plusieurs

---

(1) Voir Bouquet, *op. cit.*, p. 11.
(2) *Visite de la Tour de la Pucelle en 1798 ou 1799.* Voir n° 3, 6°.

reprises, siégé dans la prison, où se trouvait déjà un lit. Il y a lieu d'ailleurs de se demander quelle valeur on doit accorder aux assertions du jardinier. On a affaire dans la circonstance à un témoignage isolé du XVIIIe siècle qui n'est confirmé par aucune tradition sérieuse et se trouve contredit par les témoignages concordants et bien établis du XVIIe, appuyés par une tradition ancienne, continué et digne de foi.

Au surplus, si nous avons envisagé cette solution, c'était surtout pour ne rien laisser dans l'ombre. Le fait que Jeanne d'Arc ait été emprisonnée *dans la tour même* résulte de témoignages formels de nature à trancher la question. Si le local qui servait de prison s'était trouvé contre la tour et en dehors, l'expression employée, celle que l'on **rencontre toujours** en pareil cas dans les textes normands du Moyen Age, aurait été *juxta turrem*. Or, les dépositions portent toutes *in turri*. Il ne saurait y avoir de doute et la question doit être considérée comme réglée.

7. — La discussion qui précède nous conduit à formuler la proposition suivante.

Pendant tout le temps de sa détention, Jeanne d'Arc a été incarcérée dans la tour dite autrefois vers les champs et dénommée depuis Tour de la Pucelle. Elle a été enfermée à l'intérieur de la tour. Toutes les particularités indiquées pour la chambre s'appliquent donc à la prison située dans cette tour.

C'est là un point fondamental sur lequel s'appuiera **toute notre analyse.**

III. — L'ETAGE

PREMIÈRES DÉTERMINATIONS

8. — COMMENT SE POSE LA QUESTION D'ÉTAGE. — Notre base est donc établie : c'est dans la Tour de la Pucelle qu'il faut chercher la prison. A quel étage? Nous avons là un nouveau pas à franchir. Jusqu'ici, il a suffi d'apprécier les travaux antérieurs et d'en tirer parti. Cette ressource nous fait désormais défaut. Bouquet est excellent comme historien; mais la critique monumentale n'est pas son fait. Deville a entrevu la vérité; mais il n'a guère construit que sur des hypothèses et ses conclusions ne reposent pas sur des fondements suffisamment solides. Il est donc nécessaire de reprendre entièrement la question.

Le problème de l'étage constitue le deuxième point important à élucider. C'est un problème **ardu**, qui exige des recherches multiples et approfondies.

Logiquement, il y a lieu d'envisager **tout d'abord** les conditions auxquelles devait satisfaire l'étage de la prison. C'est ce que nous allons faire en faisant porter notre examen sur les points suivants :

La chambre ou prison a été qualifiée : *quadam camera media*.

Elle était sous un degré : *subtus quemdam gradum*.

On y accédait en montant huit marches : *in qua ascendebatur per octo gradus*.

La base de la tour, qui nous est connue, présente des dispositions fournissant des indications précises.

Nous croyons utile de mettre en évidence la nécessité d'envisager toutes les solutions possibles résultant du défaut de précision des témoignages et des textes.

Les solutions ne satisfaisant pas à la question seront éliminées par la suite.

9. — La chambre ou prison a été qualifiée dans le témoignage de Massieu : « quadam camera media ». — Cette expression attire l'attention parce qu'elle paraît renseigner sur la situation de la prison. Mais quel en est exactement le sens ? Selon Bouquet, qui se réfère aux textes classiques, *in camera media* se rapporte à la situation de Jeanne dans la pièce et signifie au milieu de la chambre ou d'une chambre (1); mais cette version ne saurait nous satisfaire. Le rédacteur du procès devait avoir perdu de vue cet emploi spécial de *medius*. D'ailleurs, le texte porte : *in quadam camera media;* or, *quadam* précise nettement que *media* s'applique à *camera*. Deville semble voir plus juste quand il traduit cette expression par chambre médiale (nous dirions plutôt médiane) ou chambre moyenne (2), interprétation du texte latin plus rationnelle que la première. Du résultat ainsi obtenu ce dernier auteur conclut qu'il s'agit de la salle située au milieu de la tour, entre le rez-de-chaussée et le deuxième étage. Cette solution est très plausible, mais prématurée. Le sens n'est pas assez précis pour autoriser une traduction ferme : il peut se rapporter aussi bien à la grandeur qu'à la situation de la salle. Ainsi le témoignage de Massieu, très digne de confiance d'ailleurs, est à lui seul insuffisant pour trancher la question : il demande à être appuyé ou vérifié par un autre argument.

Nous ne retiendrons donc la solution proposée par

(1) Bouquet, *op. cit.*, p. 11-12.
(2) Deville, *op. cit.*, p. 257-258.

Deville que comme une indication susceptible de renforcer ou de contrôler un résultat concordant.

10. — La chambre était sous un degré : « subtus quemdam gradum ». — *Sous un degré* équivaut à : *sous un escalier*. Doit-on entendre par là que cette indication s'applique à la chambre elle-même? C'est invraisemblable : une pareille disposition ne s'est jamais vue. Les escaliers ne traversaient pas les tours rondes; ils étaient logés dans l'épaisseur des murs ou dans des tourelles (1). D'ailleurs, les indications données par les textes du Moyen Age ne sont pas tellement précises qu'on doive toujours les prendre au pied de la lettre. C'est bien ici le cas. Mais alors, en quel endroit la chambre présentait-elle la particularité en question? Ce ne pouvait être qu'à l'entrée. Au reste, on s'explique fort bien que la disposition ainsi réalisée ait frappé les visiteurs.

Il s'agit maintenant de préciser, en ce qui concerne l'escalier, la signification qu'il convient d'attribuer à l'expression *subtus quemdam gradum*, dont l'acception assez vague en soi peut donner lieu à des interprétations diverses. La plus naturelle, celle qui vient immédiatement à l'esprit, est : *sous la totalité de l'escalier*. Elle conduit à une première solution, qui consiste dans l'existence d'un escalier droit, longeant l'un des deux remparts voisins (courtines) et s'élevant jusqu'à son sommet qu'il aurait atteint près de la

(1) Parfois, des échelles de bois, et non des escaliers, faisaient communiquer les étages; mais ce mode n'existait que dans certaines tours d'un type tout différent. Ici, il ne répondrait pas à la question. Il aurait d'ailleurs été plus naturel de dire dans ce cas que l'escalier se trouvait dans la chambre.

tour. Evidé, suivant une disposition fréquente, par un arc de décharge, il aurait ainsi permis d'ouvrir sous cet arc, et par suite au-dessous de lui, une entrée dans la tour contre le rempart. On remarquera que cette entrée devait nécessairement déboucher sur la cour ou le terre-plein, au niveau du sol. Il est clair qu'en cet endroit du château de semblables escaliers droits ne pouvaient se trouver ailleurs que le long des courtines.

Mais l'expression *subtus quemdam gradum* peut fort bien avoir eu un sens moins précis. Elle marquait un rapport entre l'entrée de la prison et l'escalier; or, les rapports de ce genre étaient difficiles à exprimer pour un latiniste peu maître de sa langue et qui n'éprouvait évidemment pas le besoin d'être précis. Aussi doit-on envisager également le cas où l'entrée aurait été placée *sous une partie seulement de l'escalier*, condition que réalisent parfaitement les escaliers tournants dits *à vis*, où chaque palier se trouve au-dessous des marches de la volée supérieure (Fig. 9). En ce cas, l'entrée de la prison pouvait encore se trouver au bas de l'escalier, c'est-à-dire au niveau du sol. Mais cette condition n'était plus nécessaire; il suffisait que l'entrée s'ouvrît sur l'un des paliers. Toutefois, l'indication *sous un degré* implique qu'une partie importante de l'escalier s'élevait au-dessus d'elle; dès lors, elle ne pouvait être située à l'étage supérieur, c'est-à-dire au deuxième, mais seulement au premier (1).

---

(1) Au point de vue strict, on pourrait objecter qu'il suffirait d'une volée d'escalier au-dessus de l'entrée pour légitimer la désignation : sous un degré; dans ce cas, le deuxième étage satisferait à la rigueur à cette condition si, comme il est probable, l'escalier

Comme il n'existait pas à cette époque d'autres types d'escaliers, les dispositions qui viennent d'être déterminées sont les seules susceptibles d'être envisagées.

La question comporte donc deux solutions : celle de l'escalier droit, longeant une des deux courtines, avec entrée de la prison au niveau du sol; celle de l'escalier à vis accolé à la tour, avec entrée au rez-de-chaussée ou au premier étage. Laquelle choisir? Nous ne pouvons encore rien en préjuger. Mais nous avons dégagé les conséquences résultant du témoignage examiné et nous avons surtout obtenu un renseignement important, qui constitue un premier jalon:

La prison était située au rez-de-chaussée ou au premier étage de la tour.

11. — ON Y ACCÉDAIT EN MONTANT HUIT MARCHES « IN QUA ASCENDEBATUR PER OCTO GRADUS ». — Pourquoi? Évidemment parce que le constructeur avait voulu racheter une différence de niveau; c'est là la fonction essentielle des marches. Entre quels points?

D'après Bouquet, la phrase qu'il s'agit d'interpréter signifierait qu'il y avait huit marches en tout du sol à la prison, ce qui exclurait toute autre solution qu'un rez-de-chaussée surélevé. C'est prendre dans une acception trop étroite une affirmation dont l'ap-

---

montait jusqu'au comble. Mais il ne paraît pas vraisemblable que les gens du XVe siècle se soient exprimés ainsi pour désigner une pièce située à la partie supérieure de la tour. Il semble d'ailleurs qu'il n'ait pas été dans les habitudes de placer des prisonniers à l'étage supérieur d'une tour; non seulement cet étage était mal disposé pour un semblable usage, mais encore il se trouvait souvent organisé en corps de garde et son occupation par un prisonnier eût singulièrement gêné le service et même la défense. On verra d'ailleurs par la suite que tout concourt à vérifier la solution finale, qui exclut celle du deuxième étage.

plication reste vague. Depuis quel point devons-nous compter ces huit marches? On ne le dit pas. Suivant une remarque précédemment faite, nous ne pouvons donc nous limiter à cette seule solution. Une deuxième interprétation est tout aussi logique : le témoin aura envisagé l'accès de la prison en considérant comme point de départ l'ouverture qui donnait sur le palier, ou même sur l'extérieur dans le cas du rez-de-chaussée. Il mentionne, en effet, la situation de l'entrée avant de parler du nombre de marches. Nous conclurons par l'adoption des deux solutions du rez-de-chaussée et du palier qui, toutes deux, se traduisent par une différence de niveau entre la prison et l'extérieur.

Dès lors, les huit marches, partant de l'entrée située sous l'escalier pour aboutir à la salle elle-même, devaient se trouver dans un passage traversant le mur de la tour (Fig. 10). Ce point est facile à vérifier. La dernière marche était naturellement formée par le sol de la prison. Or, d'après les fouilles de 1908, le diamètre extérieur de la tour dans la partie cylindrique était de 10 mètres à 10 m. 50 et, suivant Guilbert, le vide intérieur avait 18 pieds, c'est-à-dire 5 m. 85 environ (1). Il en résulte que l'épaisseur du mur se trouvait comprise entre 2 m. 08 et 2 m. 32; elle était donc en moyenne de 2 m. 20 à 2 m. 30, ce qui correspond à huit marches d'une largeur de 0 m. 28,

---

(1) En prenant pour le pied la valeur de 0 m. 325, qui est celle du pied de roi du XVIIIe siècle, en usage à Rouen à cette époque (*Annuaire statistique du département de la Seine-Inférieure*, 1805). La différence entre le pied en usage au Moyen Age à Rouen et le pied de 0 m. 325 est insignifiante par rapport à la précision des données.

dimension très normale (1). Sans attribuer à ces nombres une précision mathématique que les données ne comportent pas, on est néanmoins conduit à constater qu'il existe une concordance frappante entre la longueur des huit marches et l'épaisseur du mur de la tour.

Quelle était la différence de niveau? Des relevés effectués sur des escaliers à vis rouennais des xiie et xiiie siècles nous ont donné une hauteur de marche constante, égale à 0 m. 20. Pour huit marches, on obtient ainsi 1 m. 60. Ce résultat paraît être très approché. En effet, si la différence de niveau avait été plus petite, le constructeur aurait eu la possibilité de diminuer le nombre des marches en ne faisant occuper à ces dernières qu'une partie du passage. Si, au contraire, elle avait été plus grande, il aurait pu ajouter une marche sans difficulté. Il semble donc que l'on doive se trouver bien près de la vérité en adoptant la valeur de 1 m. 60.

12. — LA BASE DE LA TOUR DE LA PUCELLE (**Fig. 9** *bis* et **10** *bis*). — La donnée historique appelle la donnée archéologique. C'est ainsi que se pose la **question :** que peut-on déterminer de l'état ancien par l'étude des vestiges encore existants de la tour? L'exposé fait plus haut dans l'examen des sources permet d'y répondre (2). On a vu que le soubassement de la tour était constitué par un blocage plein comprenant toute la souche conique et les deux premières assises de la

---

(1) Comme l'intérieur de la tour avait une forme prismatique, l'épaisseur du mur au milieu des pans était un peu plus grande; mais l'augmentation qui en résulte est pratiquement insignifiante et ne change rien à cette conclusion.

(2) N° 3, 11°.

partie cylindrique. La plate-forme qui surmonte ce blocage est parfaitement horizontale et présente l'aspect d'une surface ayant toujours été plane. On est fondé à y voir le sol ancien de la salle inférieure, c'est-à-dire du rez-de-chaussée. Il est clair, en effet, que le dérasement a été arrêté au soubassement plein, qui n'aurait pu être entamé sans occasionner des irrégularités de surface; d'ailleurs, c'eût été là un travail aussi inutile que difficile, puisqu'au XIXᵉ siècle cette partie de la tour était déjà en contre-bas du sol et servait de fondation à un mur (1).

Mais un fait prouve mathématiquement que le niveau supérieur de la partie pleine était au Moyen Age le même qu'aujourd'hui. C'est l'existence :

1° De trois assises de **mur au-dessus de la plate-forme actuelle**; ces trois assises règnent sur plus de 6 mètres et demi de longueur le long du parement extérieur Sud-Ouest de la tour (2) (de *u* en M, Fig. 10 *bis*);

2° D'une archère traversant le mur paramenté par ces assises; cette archère, qui descendait extérieurement jusqu'à la première assise établie sur la partie pleine, s'ouvrait nécessairement sur l'intérieur de la tour et ne pouvait appartenir qu'à un mur élevé au-dessus de la base.

Ainsi le niveau supérieur actuel du soubassement nous donne celui de l'aire ou du sol du rez-de-chaussée ancien, qui reposait nécessairement sur le

(1) Les tours reposant sur un soubassement plein et de forme conique étaient d'un type courant : donjon du château de Rouen, tour de la porte d'entrée du château, Tour de la Pucelle, Tour du Colombier (cette dernière du début du XVᵉ siècle).

(2) 6 m. 71 de l'archère au mur de l'immeuble voisin.

blocage. Lors des fouilles de 1908, ce niveau était à 1 m. 20 au-dessous du sol. Aujourd'hui, il se trouve à 0 m. 96 au-dessous de la chaussée, c'est-à-dire à la cote de 27 m. 81 (1).

13. — Nouvelle forme du problème de l'étage. — Nous possédons maintenant des renseignements précis sur les différences de niveau relevées:

Au xvᵉ siècle entre la prison et sa voie d'accès;

Au xxᵉ siècle, entre le rez-de-chaussée et le sol extérieur.

Nous nous trouvons dès lors en mesure de poser sous sa forme définitive le problème qui tranchera la question d'étage, indécise entre le rez-de-chaussée et le premier. En raison de la nature des connaissances acquises, c'est vers la solution du rez-de-chaussée qu'il convient d'orienter les recherches; la possibilité de cette solution est en effet assujettie à des conditions étroites, devant permettre d'aboutir à une conclusion catégorique. Le problème de l'étage se présente alors sous une forme plus particulière et peut s'énoncer ainsi.

On sait qu'au xvᵉ siècle l'aire de la prison s'élevait à 1 m. 60 au-dessus de l'extérieur et qu'au xxᵉ l'aire du rez-de-chaussée se trouvait à 1 m. 20 en contre-bas du sol et à la cote de 27 m. 81. Pour que la prison eût pu être située au rez-de-chaussée, il aurait fallu qu'au *XVᵉ siècle l'aire de ce rez-de-chaussée se fût trouvée à 1 m. 60 au-dessus du sol de la cour de cette époque.* Cette condition a-t-elle été ou non réalisée?

La question soulevée présente une importance qui

(1) Au-dessus du plan général de comparaison (niveau de la mer). La chaussée est cotée 28 m. 77.

n'échappera à personne. C'est d'elle que dépend la solution.

Les deux données relatives, l'une à la prison, au xv⁰ siècle, et l'autre au rez-de-chaussée, au xx⁰, ne sont pas reliées entre elles. Le problème revient donc à rechercher et à déterminer un point commun qui serve de trait d'union entre les deux aires et de point de comparaison entre l'état ancien et l'état moderne. Il résulte des conditions dans lesquelles il se pose que c'est le sol qui doit logiquement constituer l'élément de comparaison.

Il s'agit donc de retrouver le niveau du sol du xv⁰ siècle pour le comparer au niveau, maintenant connu, du rez-de-chaussée. Nous sommes ainsi conduits à entreprendre l'étude des niveaux.

LES NIVEAUX ET L'ÉTAGE

14. — La méthode suivie. — Sans délaisser entièrement l'histoire, à laquelle nous aurons l'occasion de revenir, nous allons entrer dans un domaine nouveau, celui de la topographie. La méthode la plus pratique pour l'étude des niveaux consiste à établir l'altitude des différents points par rapport à un niveau pris pour base et à comparer les résultats. Dans cet ordre d'idées, nous avons eu recours au nivellement général, qui fournit la cote des points du sol au-dessus d'un plan de comparaison formé par le niveau moyen de la mer (niveau Bourdaloue). Ces cotes ayant été calculées avec une grande précision, nous possédons ainsi des données très exactes, les plus exactes d'ailleurs qu'on puisse trouver. Le Service de la Voirie de la Ville de Rouen nous a communiqué avec une grande obligeance le nivellement des chaussées, au moyen duquel nous avons déterminé la cote des points intéressants situés à proximité (1). C'est donc non sur des hypothèses, mais sur des données scientifiques et très précises qu'est fondée notre connaissance des divers niveaux.

15. — LES VARIATIONS DU NIVEAU ET L'EXHAUSSEMENT DU SOL. — Une première remarque. L'aire du rez-de-chaussée de la Tour de la Pucelle n'a pu se trouver au xvᵉ siècle à 1 m. 60 au-dessus de la cour que si le niveau du sol s'est relevé du xvᵉ au xxᵉ de 1 m. 60 + 1 m. 20 = 2 m. 80, représentant l'élévation de la prison et l'abaissement du rez-de-chaussée. Or, si l'exhaussement du sol dans les villes est un phénomène à peu près général, ses caractères sont très variables d'un point à un autre; en d'autres termes, ses conditions sont essentiellement locales. Le sol de Rouen s'est effectivement relevé dans la ville même d'environ 6 mètres (3 à 8 selon les lieux) (2) de l'époque gallo-romaine au xixᵉ siècle. L'exhaussement a donc été de 6 mètres en vingt siècles, soit de trente centimètres par siècle. Pour atteindre 2 m. 80 du milieu du xvᵉ siècle à la fin du xixᵉ, il eût donc fallu qu'à l'emplacement du château il se fût

(1) Les données du nivellement de la voirie sont d'autant plus exactes dans le cas présent, qu'il s'agit de comparer les cotes de points très voisins, pour lesquels les différences de niveau ont été soigneusement relevées.

(2) Profondeur à laquelle on a retrouvé le sol romain dans les fouilles exécutées en divers points de la ville : 7 m., 8 m., 6 m., 4 m., 2 à 3 m., 5 m., 4 m., 6 m., 5 m., 4 m., 3 m. (Abbé Cochet, *Les origines de Rouen*. Rouen, Cagniard, 1865. — *Répertoire archéologique du département de la Seine-Inférieure*. Paris, imprimerie nationale, M.DCCC.LXXII, p. 358-372).

produit deux fois plus vite qu'ailleurs. On constate au contraire qu'en ce point les constructions gallo-romaines ne sont pas loin de la surface, indice d'une faible variation de niveau.

Examinons plus particulièrement la période comprise entre 1431, époque de la détention de Jeanne d'Arc, et 1590, date de la destruction du château. Si, dans les différents quartiers d'une ville, le sol tend à se relever par suite des destructions ou simplement de la démolition et de la reconstruction des maisons, il ne saurait en être ainsi pour la cour d'un château où ces causes n'agissent pas de la même manière : les niveaux respectifs doivent en effet être maintenus sous peine de nuire aux services et d'entraver l'accès des bâtiments. Ces considérations s'appliquent d'ailleurs ici à une période très courte, qui ne comprend que cent soixante ans. Il est donc bien évident que pendant ce laps de temps le niveau de la cour n'a pu varier d'une manière appréciable.

Précisons maintenant la question. On a vu que, du Nord au Sud, le donjon, la porte du château proprement dit et la porte de la basse-cour vers la ville étaient sensiblement en ligne droite. Or, aux deux extrémités de cette ligne nous avons des témoins de l'ancien niveau.

16. — Le donjon (tour jeanne d'arc). — C'est au donjon que nous trouvons le premier point de repère. D'ailleurs, cette belle tour nous fournira encore plus d'un renseignement et nous donnera la clef de plusieurs des dispositions adoptées dans la Tour de la Pucelle.

Le donjon, dénommé dans les anciens textes *grosse*

tour, était séparé de la cour par un fossé de 11 mètres de largeur (Fig. 1). La salle du rez-de-chaussée, qui date de la construction du château, présente actuellement deux issues : la porte Nord-Est, de plain-pied avec l'aire de la salle et avec le sol du jardin, et servant aujourd'hui d'entrée; elle est à la cote de 29 m. 50; — la porte Sud-Ouest, située en contre-bas de l'aire, ainsi que de la *rue du Donjon*, vers laquelle elle se trouve orientée; sa cote est de 29 m. 09 (1). Comme les portes devaient se trouver au niveau du sol extérieur, nous avons deux solutions possibles : — celle de l'aire et de la porte Nord-Est; — celle du seuil de la porte Sud-Ouest.

Remarquons d'abord que la base du donjon est conique et pleine, comme celle de la Tour de la Pucelle. L'aire du rez-de-chaussée repose sur cette base; elle n'a pas été modifiée lors des travaux de restauration commencés en 1869, car un relevé, fait par M. Barthélemy, en 1840, et reporté sur l'Album de la Commission des Antiquités de la Seine-Inférieure, montre à cette époque l'aire de la salle et le seuil de la porte Sud-Ouest avec leur différence de niveau actuelle (2).

Considérons la porte Nord-Est. Placée de manière à communiquer avec l'extérieur du château, elle ne nous donne pas nécessairement le niveau de la cour. Il convient toutefois de rechercher si elle ne représenterait pas un état ancien se rapportant à la solution poursuivie. Le compte de la vicomté de Rouen en 1432, déjà cité (3) donne à ce sujet des renseignements

(1) Cote de la rue du Donjon en ce point : 29 m. 39.
(2) *Album de la Commission des Antiquités de la Seine-Inférieure.* Album I, p. 19.
(3) N° 4.

positifs. Ce compte a trait à des réparations faites au château de Rouen après la prise par les Anglais du donjon tombé aux mains du partisan Ricarville. Il nous apprend que la porte Nord-Est, murée jusque-là, fut rouverte par les assiégés dans le but de s'échapper vers l'extérieur, et murée de nouveau après le siège (1). Il en résulte qu'au xv⁰ siècle, et spécialement au temps de Jeanne d'Arc, cette issue était condamnée et ne servait pas. Etudions la porte pour voir s'il sera possible d'en tirer quelque parti (Fig. 4 B). L'encadrement de la baie se trouve légèrement en retrait sur le nu du parement extérieur de la tour. La pierre de cet encadrement est taillée autrement que celle du parement : les traces laissées par les outils sont différentes. A distance, d'ailleurs, la teinte tranche sur celle des assises voisines. Mais le fait le plus caractéristique est le suivant. La partie supérieure de la baie est formée par un arc brisé dont le sommet devrait correspondre à un joint; or, il s'y trouve un claveau, d'ailleurs mal fait, disposition contraire aux procédés usités au Moyen Age en Occident, et notamment en Normandie. De plus, quoique placée entre les deux courtines du côté extérieur de manière à communiquer avec le dehors, l'entrée ne montre aucune trace de pont-levis ni de dispositions permettant de franchir le fossé. Cette porte paraît donc avoir été complètement refaite à une époque récente. Le niveau qu'elle marque ne saurait par suite nous renseigner sur l'état ancien et il n'y a pas à en tenir compte.

Passons à la porte Sud-Ouest (Fig. 4 A). Il résulte du compte de 1432 que c'était elle qui servait d'entrée

(1) *Compte de la vicomté de Rouen de l'année 1432*, p. 338.

au donjon; qu'elle fut canonnée par les Anglais
maîtres du château, fortement dégradée, puis répa-
rée (1). L'histoire du château montre d'autre part qu'elle
n'a pu être endommagée et réfectionnée depuis, la
prise de la forteresse en 1590
ayant été suivie de son déclassement. Examinons cette
porte. Située entre les deux
courtines du côté de l'intérieur, elle donnait accès
de la cour au donjon; elle **a**
assuré cette communication
tant que le château a subsisté. Elle était munie d'un
pont-levis de poterne, sus-
pendu à un bras unique, et
la rainure qui recevait ce
bras redressé existe encore
au-dessus de la baie. De-
vant le seuil et au-dessous
est ménagé un évidement en
forme de marche, destiné à
recevoir l'extrémité du tablier du pont-levis. Seuil et
évidement paraissent très
anciens. L'encadrement de la
baie est en retrait sur le
parement extérieur du mur,

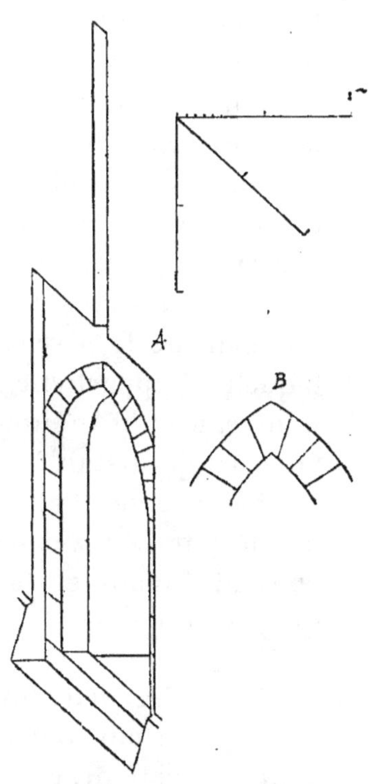

Fig. 4.
Les portes du donjon.

laissant la place nécessaire pour loger le pont-levis relevé. Toutes ces dispositions sont visiblement anciennes
et d'accord avec les données historiques. Le seuil de

(1) *Compte de la vicomté de Rouen*, p. 336.

cette porte marque donc bien le niveau du xve siècle.

A quelle partie de la porte correspondait le niveau du sol? En raison de l'évidement existant au-dessous de la baie, le tablier du pont, quand il était rabattu, se trouvait exactement à la hauteur du seuil. Le pont-levis et le pont fixe ou dormant qui lui faisait suite étaient forcément horizontaux (1) et par suite le seuil de la porte se trouvait au même niveau que le bord extérieur du fossé. Cela ressort d'une manière évidente de la différence de niveau existant entre la porte et l'aire du rez-de-chaussée; on a visiblement cherché à placer le bas de cette ouverture à hauteur du sol de la cour. De toute manière, c'est bien le seuil qui marque le niveau extérieur et comme la porte à laquelle il appartient était seule en usage au xve siècle, le niveau qu'il indique est bien celui de cette époque. On a vu qu'il était à la cote de 29 m. 09.

Remarquons d'ailleurs que si l'on admet le niveau donné par le rez-de-chaussée et l'autre porte, on est conduit à adopter la cote de 29 m. 50, plus élevée que 29 m. 09.

17. — L'ESCALIER DE LA RUE FAUCON. — A la rigueur, nous pourrions nous en tenir au résultat que nous venons d'obtenir, car il ne saurait y avoir qu'une bien faible différence de niveau entre le bord du fossé du donjon et la Tour de la Pucelle. Mais il nous paraît nécessaire, pour éviter toute équivoque, de préciser

---

(1) Le retrait dans lequel se logeait le pont-levis relevé a 4 m. 10 de hauteur. Le pont-levis avait donc 4 m. 10 de longueur. Or, le fossé était large de 11 mètres. Il existait donc un point fixe de 7 mètres. La même disposition est figurée sur le plan du *Livre des Fontaines* pour la porte de derrière du château.

le degré d'incertitude susceptible d'affecter la connaissance du niveau près de cette dernière tour.

Il a été dit plus haut qu'il existait un deuxième témoin du sol du xve siècle à l'extrémité Sud de la basse-cour, au point marqué par l'ancienne porte s'ouvrant vers la ville. Le *Château Fortifié*, de Farin, écrit à l'occasion d'une contestation survenue entre les curés de Saint-Godard et de Saint-Patrice relativement à l'étendue de leurs paroisses sur le terrain autrefois occupé par le château, donne à ce sujet des renseignements nombreux et précis (Fig. 1).

De ce côté, la basse-cour, que Farin appelle *le baile*, était à un niveau bien supérieur à celui de la ville : sa porte se trouvait à 14 pieds, soit à 4 m. 55 environ, au-dessus du sol de la rue (1) et son terre-plein, ou esplanade, à 16 pieds ou 16 pieds 1/2, c'est-à-dire à 5 m. 20 ou 5 m. 36 (2). Lors de la destruction du château, la porte fut supprimée et remplacée par un escalier de pierre qui permit d'accéder aux terrains situés sur l'emplacement de l'ancienne basse-cour. Cet escalier avait 16 pieds ou 16 pieds 1/2 de hauteur et marquait l'ancien niveau (3). Or, il existe encore aujourd'hui; sa hauteur, 5 m. 07 au-dessus de la chaussée actuelle de la rue du Bailliage, est très voisine des dimensions données d'ailleurs comme approximatives par les auteurs du xviie siècle, surtout si l'on tient compte des travaux de voirie, effectués depuis, qui ont pu changer légèrement le sol de la rue. Elle montre que l'escalier s'est maintenu sans modification.

La marche supérieure de cet escalier indique donc

(1) Farin, *Le château fortifié*, p. 20 et 79.
(2) *Ibid.*, p. 79 et plan.
(3) *Ibid.*, p. 55 et 70 (Procès-verbal d'experts, 10 mars 1635).

le niveau ancien du château en ce point. Le nivellement général de la voirie nous donne sa cote. Elle est exactement de 27 mètres.

18. — LES NIVEAUX INTERMÉDIAIRES (Fig. 1). — Nous tenons maintenant les deux bouts de la ligne permettant de déterminer la pente générale du château du Nord au Sud. Mais quelle était la configuration du terrain entre ces deux points?

La première solution qui se présente à l'esprit consiste à considérer la pente comme régulière et uniforme du mur Sud de la basse-cour, coté 27 mètres, au bord du fossé du donjon, coté 29 m. 09.

Mais dans l'intervalle s'élevait le rempart du château proprement dit, important à envisager comme point de changement possible de niveau. Actuellement, cette partie du terrain est très modifiée. Des remaniements ont en effet suivi la destruction du château : le fossé de ce rempart a été comblé, la muraille renversée et le sol abaissé vers l'Est pour permettre de raccorder les divers terrains. Plus tard, au XXe siècle, la physionomie de la partie Nord du château a été transformée par les travaux qu'a occasionnés la construction du quartier créé aux abords du donjon.

Remarquons d'abord que l'intérieur d'une enceinte était souvent plus élevé que l'extérieur (1) : le seuil de la porte se trouvait bien au même niveau; mais le passage qui la traversait présentait une pente ascendante. Nous en trouvons un exemple à l'entrée même de la basse-cour vers la ville; pour racheter la grande différence de niveau, qui se montait à environ 16 pieds, il avait fallu y créer une forte rampe, précédée de

(1) On en trouve une confirmation dans Farin, *op. cit.*, p. 87.

quelques marches en pierre (1). Or, les anciens relevés de voirie faits au xix⁰ siècle nous renseignent sur la configuration du terrain au Sud et près du donjon antérieurement aux travaux du début du xx⁰. A cette époque le sol était horizontal, à la cote de 29 mètres ou 29 m. 50 jusqu'à 65 mètres à peu près du donjon. Au delà, il s'abaissait assez brusquement pour faciliter le nivellement de la rue Morand, rue transversale orientée de l'Ouest à l'Est et située à un niveau inférieur. Cette horizontalité du sol de l'ancienne cour au xix⁰ siècle mérite d'autant plus d'être prise en considération que toute la partie du terrain située au Sud du donjon est restée en jardins depuis le déclassement du château jusqu'aux premières années du xx⁰ siècle. Si la surface du sol a pu être pendant ce temps plus ou moins modifiée dans ses détails, c'est au xx⁰ siècle qu'a eu lieu la transformation radicale du terrain.

Concluons. Deux solutions sont possibles. La plus rationnelle et la mieux établie repose sur l'horizontalité de la cour à hauteur du seuil de la porte du donjon. La deuxième, que l'on peut qualifier de minima, est basée sur l'uniformité de la pente entre le rempart de la basse-cour (cote 27 mètres) et le fossé du donjon (cote 29 m. 09). On va voir comment l'examen de ces deux solutions permettra de calculer la précision du résultat auquel elles conduisent.

19. — LA DÉTERMINATION DE L'ÉTAGE. — Au point où nous sommes arrivés, un calcul simple suffit pour donner la solution (Fig. 1).

Le fossé du donjon était circulaire et avait une lar-

(1) *Ibid.*, p. 24 et 79.

geur de 11 mètres y compris l'épaisseur du mur de contrescarpe (1). De cette contrescarpe au rempart de la basse-cour on compte 96 mètres (2) pour une différence de niveau de 27 mètres à 29 m. 09, égale à 2 m. 09, ce qui correspond à une pente de 0 m. 0217 par mètre.

La ligne horizontale passant par la Tour de la Pucelle étant à une distance de 6 mètres du fossé du donjon (contrescarpe) (2), il en résulte pour le niveau du sol en ce point une cote de 28 m. 96. D'autre part, l'aire du rez-de- chaussée de la tour est à 27 m. 81.

Les deux solutions envisagées se présentent donc ainsi :

1re Solution. — Terrain horizontal.

Cote du terrain au xve siècle.......... 29 m. 09
Différence de niveau entre le sol et
l'aire du rez-de-chaussée............... 1 m. 28

2e Solution. — Pente de 0 m. 0217.

Cote du terrain près de la Tour de la
Pucelle au xve siècle................... 28 m. 96
Différence de niveau entre le sol et l'aire
du rez-de-chaussée .... 1 m. 15

(1) La forme réelle et les dimensions du fossé résultent des constatations faites lors des fouilles de 1907. (Voir Delabarre, *Notes sur les fouilles exécutées à l'emplacement du château de Philippe-Auguste à Rouen*, p. 567 et plan de la p. 568). Sur ce point, les dispositions indiquées par le plan du *Château fortifié* sont inexactes. Ce plan a d'ailleurs été dressé au xvII^e siècle, après que le fossé eut été comblé.

Rappelons que la contrescarpe était le talus du fossé du côté opposé à la tour.

(2) Distances mesurées sur le plan très précis sur lequel M. Gogeard a tracé les dispositions de l'ancien château, telles qu'elles étaient relevées au cours des différentes fouilles.

Le sol se trouvait donc au-dessus de l'aire du rez-de-chaussée de la tour, à une hauteur égale à 1 m. 28 ou voisine de ce nombre et qui en tous cas n'était pas inférieure à 1 m. 15 (Fig. 9). La faible différence, 0 m. 13, existant entre ces deux nombres, montre quelle est l'approximation du résultat obtenu; la précision est d'autant plus grande qu'elle s'applique à une dimension supérieure à 1 mètre et pour laquelle 1 m. 15 constitue une limite inférieure (1). Il ne saurait donc y avoir de doute sur la valeur démonstrative du résultat (2).

(1) Une constatation archéologique vient encore confirmer ces conclusions. Le talus de la courtine Nord-Est, attachée à la Tour de la Pucelle, s'élevait plus haut que celui de la tour, sans toutefois que les vestiges subsistant encore permettent de déterminer où il cessait. Or, les talus n'étaient généralement placés que devant les terres ou devant les soubassements pleins des ouvrages.

Pour montrer combien est caractérisée et accusée la différence de niveau entre le sol et le rez-de-chaussée de la Tour de la Pucelle, nous donnons ci-après une troisième solution. Nous ne la mentionnons qu'à titre d'indication, car elle est en désaccord avec les observations faites sur le terrain de la cour; mais elle permet de constater que, même en abaissant le sol au maximum, on n'atténue pas d'une manière sensible la différence calculée. Nous supposons que le sol de la basse-cour était horizontal et que la partie Sud de la cour du château, à l'emplacement de la muraille, se trouvait à 27 mètres. Dans ces conditions, la différence de niveau de 2 m. 09 porte sur 62 mètres, distance de cette muraille au fossé, ce qui donne une pente de 0 m. 0337. On en déduit pour le terrain près de la Tour de la Pucelle une cote de 28 m. 89 et une différence de niveau avec le rez-de-chaussée égale à 1 m. 08, toujours supérieure à 1 mètre.

Remarquons enfin que si l'on se basait sur l'aire et l'entrée Nord-Est du donjon, c'est-à-dire sur une cote de 29 m. 50 attribuée au sol, la différence de niveau avec le rez-de-chaussée de la Tour de la Pucelle serait augmentée de 0 m. 25 à 0 m. 30 et se trouverait ainsi accentuée. Nos évaluations sont donc les plus modérées que l'on puisse faire et par suite nettement concluantes.

(2) La disposition du rez-de-chaussée en contre-bas du sol avec un rôle de défense se rencontre parfois au Moyen Age. Pour n'en

Il est intéressant de constater la concordance de ces deux valeurs avec la différence de niveau de 1 m. 20 relevée en 1908. Cette concordance tend à établir que, du xve siècle au xxe, la surface du sol n'a subi que des variations de détail, pratiquement insignifiantes. On est donc loin de l'exhaussement de 2 m. 80 prévu dans les considérations exposées au N° 15 comme la condition nécessaire pour que le rez-de-chaussée puisse être identifié avec la prison. Un pareil exhaussement supposerait d'ailleurs pour le sol du xve siècle une cote de 26 m. 20, inférieure de 0 m. 80 à 27 mètres, niveau le plus bas du château à cette époque.

Nous pouvons maintenant conclure.

Au XVe siècle, la prison était élevée de 1 m. 60 au-dessus de l'extérieur. A la même époque, le rez-de-chaussée se trouvait à 1 m. 28 ou au moins à 1 m. 15 en contre-bas du sol. Il est donc impossible que la prison ait été placée au rez-de-chaussée.

Mais il a été démontré qu'elle ne pouvait se trouver au deuxième étage.

Elle était donc située au premier.

La solution ainsi établie est contrôlée par un argument qui concourt à la renforcer et qui, de plus, donne

citer qu'un exemple, on la trouve d'une manière courante dans les tours de Carcassonne : tours du Major, de la Porte-Rouge, de l'Evêque, de Saint-Martin (Viollet-le-Duc. *Dictionnaire de l'Architecture*, t. IX, p. 79, 91, 97, 102). Elle s'explique par l'existence de conditions locales de site et par l'avantage qu'elle présentait pour battre les fossés.

A Rouen même, une lithographie d'Arnout (1823) montre le rez-de-chaussée de la Tour Bigot à un niveau inférieur à celui du sol, avec un escalier de huit marches traversant le mur. La Tour Bigot, construite vers 1514, était située sur l'enceinte de la ville près du château (Périaux, *Dictionnaire indicateur et historique des rues et places de Rouen ;* Rouen, Le Brument, 1870, p. 46 et 328).

lieu à une observation intéressante au point de vue de la méthode. L'interprétation proposée par Deville pour le témoignage de Massieu *in quadam camera media* (N° 9) concorde avec les conclusions auxquelles conduit l'étude historique, topographique et archéologique des niveaux. Elle prend dès lors une importance réelle comme appui de ces conclusions, qui la vérifient elle-même en orientant sur le sens exact de la phrase. Les deux arguments se renforcent mutuellement, donnant un exemple de l'application du principe de concordance, si fécond en histoire et en archéologie (1).

L'ÉLÉVATION DE L'ÉTAGE

20. –– OBSERVATIONS PRÉLIMINAIRES. — Nous avons fait un grand pas : désormais, la prison est localisée. Mais il reste à en déterminer les dimensions, la forme et les particularités. La question va devenir plus complexe que jamais et nous engager dans des recherches de toute espèce.

C'est principalement dans le domaine de l'archéologie que s'exerceront maintenant nos investigations. Nous aurons en particulier à déterminer des dimensions comportant une précision plus ou moins grande, que nous chercherons à évaluer. C'est dire que, dans certains cas, ces nombres ne seront pas rigoureusement exacts. Nous les conserverons tels que nous les aurons obtenus, sans les arrondir. Ils représentent, en effet, la valeur la plus probable, à l'exclusion des

---

(1) Sur le principe de concordance, voir : Commandant Quenedey, *Principes de méthode archéologique. Bulletin de la Société libre d'Emulation, du Commerce et de l'Industrie de la Seine-Inférieure,* année 1920, p. 97-108.

nombres arrondis forcément plus éloignés de cette valeur. Au demeurant, il n'y a lieu d'adopter des nombres ronds que dans les cas de grande incertitude, où la connaissance est limitée aux unités d'un certain ordre décimal ou en tous cas d'un ordre déterminé de grandeur. Or, dans l'espèce, l'imprécision ne portera guère en général que sur quelques centimètres. En ce qui concerne le pied, que nos recherches ont fait ressortir à 0 m. 324 à Rouen, avec une légère incertitude, nous avons adopté la valeur un peu plus commode de 32 centimètres 1/2; ici, la différence est insignifiante (1).

Pour régler entièrement la question d'étage, nous avons encore à trouver la hauteur à laquelle l'étage était situé. Cette hauteur, nous la rapporterons à l'aire du rez-de-chaussée, qui offre le double avantage de fournir un niveau bien connu et bien déterminé et de permettre aujourd'hui une comparaison facile, cette aire se confondant avec le sol de la cour actuelle.

Le problème peut être résolu grâce à ce que nous savons du rez-de-chaussée par les relations de la fin du XVIIIe siècle et du commencement du XIXe. Il comporte trois déterminations : hauteur de la voûte du rez-de-chaussée; épaisseur des arcs soutenant cette voûte; épaisseur de la voûte (Fig. 9).

21. — Hauteur de la voute. — Par bonheur, nous avons des renseignements précis sur la salle inférieure de la Tour de la Pucelle. Les descriptions déjà mentionnées, bien d'accord entre elles, nous la montrent

(1) Sur la valeur du pied usité à Rouen au Moyen Age : R. Quencedey, *Les anciennes mesures de longueur de Rouen*. Dans : *Bulletin philologique et historique*, année 1920; Paris, Imprimerie Nationale, MDCCCCXXII, p. 301-334.

hexagonale et voûtée sur trois arcs formant six nervures. Le visiteur de 1798, dont le récit est un peu vague, évalue à 3 ou 4 mètres la hauteur de la voûte au-dessus du sol d'alors.

En 1803, Guilbert, dont la relation est beaucoup plus précise, lui assigne 12 pieds, soit un peu moins de 4 mètres (3 m. 90). Deux raisons font ressortir la valeur de cette assertion : d'abord la grande précision de la description de Guilbert; ensuite l'indication qu'il donne sur la manière dont la hauteur doit être mesurée : elle s'arrête au cintre, c'est-à-dire à la clef de voûte et, par suite, au-dessous des arcs. Mais par rapport à quel sol est prise cette mesure?

En 1798, le sol du rez-de-chaussée était de plain-pied avec l'extérieur. Il était sablé, ce qui montre bien que l'égalité de niveau avait été obtenue par un remblai intérieur. En 1803, où la hauteur de voûte indiquée est sensiblement la même qu'en 1798, ce remplissage du bas de la tour est explicitement signalé. En 1805, c'est en creusant qu'on découvre la partie basse. La lithographie de Jolimont nous fait voir peu après le bas de la tour momentanément dégagé sur une certaine partie. Lors de la destruction de la tour, qui a lieu quelques années plus tard, le sol est de nouveau nivelé. Enfin, les fouilles de 1908 nous montrent l'aire basse à 1 m. 20 au-dessous du sol. Ainsi, dès la fin du XVIIIe siècle, la partie inférieure de la tour se trouvait comblée et le sol intérieur, au niveau du sol extérieur. Or, on a vu que le niveau du terrain n'avait pas varié d'une manière appréciable. Les fouilles de 1908 donnent donc la profondeur à laquelle se trouvait l'aire basse de la tour, soit 1 m. 20. La hauteur de la salle du rez-de-chaussée était par suite sensiblement de 3 m. 90 + 1 m. 20 = 5 m. 10.

Les constatations archéologiques et l'examen des nécessités de construction confirment en tous points ce résultat. La voûte a été construite au XIIIe siècle; or, les arcs ogives, c'est-à-dire les arcs diagonaux sur lesquels reposaient les voûtes, étaient alors en plein cintre, ou parfois brisés, mais jamais surbaissés. Le diamètre intérieur de la salle du rez-de-chaussée avait, d'après Guilbert, 18 pieds, soit 5 m. 85. Comme cette salle était hexagonale, c'est sur les angles qu'il convient de le compter. La hauteur de la voûte seule au-dessus des naissances des arcs se trouvait donc être de la moitié de 5 m. 85, soit de 2 m. 92, dont il faut déduire l'épaisseur de l'arc, 0 m. 15 environ; on obtient ainsi 2 m. 77. Si de la hauteur totale, 3 m. 90, on retranche l'élévation de la voûte, 2 m. 77, il reste 1 m. 13 de mur vertical. Cette dimension, bonne tout au plus pour une cave, aurait été insuffisante pour le service près des murs dans une salle qui constituait un lieu de défense, ainsi qu'en font foi les archères, dont l'une existe encore en partie. D'ailleurs, une semblable proportion entre la voûte et la partie inférieure ne se rencontre pas dans les tours normandes que nous avons étudiées. Il n'en est plus de même si l'on ajoute 1 m. 20 à la hauteur de mur de 1 m. 13. On a ainsi un mur de 2 m. 33 pour une hauteur totale de 5 m. 10 et un diamètre de 5 m. 85, ce qui est normal. A titre de comparaison, la Tour du Colombier, d'un type absolument semblable, quoique de construction plus récente, avait une salle voûtée de 4 m. 55 de hauteur et de 5 m. 10 de diamètre; les arcs y prenaient naissance à 1 m. 85 du sol. Enfin, il apparaîtra plus tard que la hauteur de 5 m. 10 était nécessaire pour réaliser les proportions générales adoptées au Moyen Age dans les tours de ce type.

22. — EPAISSEUR DE L'ARC. **— A** cette époque, l'épaisseur des arcs variait généralement en Normandie de 0 m. 20 à 0 m. 40 et davantage. Mais nous possédons dans la circonstance un document singulièrement précieux dans trois claveaux d'arcs trouvés en déblayant les terres qui recouvraient la souche de la Tour de la Pucelle (Fig. 5). Leur profil très simple, en amande avec arête latérale, se retrouve au rez-de-chaussée et au premier étage de la Tour Saint-Romain, du XIIe siècle (1). De plus, circonstance particulièrement importante, il est identique à celui des arcs anciens de la nef de la cathédrale de Rouen, arcs qui datent des premières années du XIIIe siècle (2) et qui portent la marque de l'influence de l'Ile de France. Cette similitude est d'autant plus concluante que le château de Rouen a été élevé par Philippe Auguste.

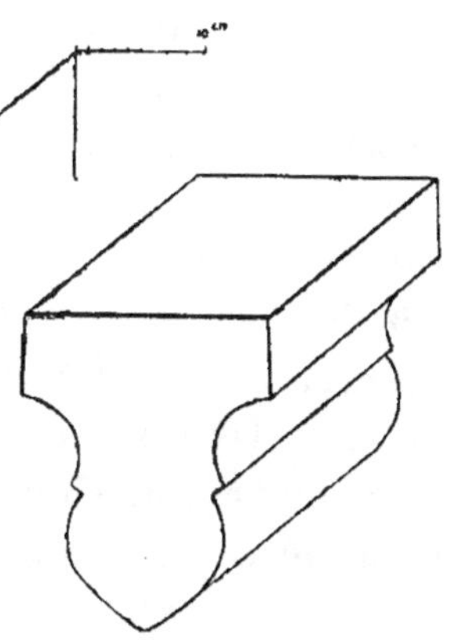

FIG. 5.
Claveau d'arc.
Fouilles de la Tour
de la Pucelle.

Les arcs auxquels appartenaient ces trois claveaux sont donc bien d'un type en usage au début du XIIIe siècle, époque à laquelle la Tour de la Pucelle a été construite. Or, les bâtiments du vieux château

(1) Tour de la Cathédrale de Rouen. Ce profil forme l'élément principal du profil plus complexe de ces arcs.

(2) Voir à ce sujet : Maurice Allinne et abbé A. Loisel, *La Cathédrale de Rouen avant l'incendie de 1200, La Tour Saint-Romain*. Rouen, Lecerf. 1904, p. 79-80 et pl. VI. Les arcs de la deuxième travée, partie haute, datent du commencement du XIIIe siècle.

ont été complètement démolis avant cette tour; il en résulte que leurs débris n'ont pu être enfouis à son emplacement. D'autre part, la voûte du rez-de-chaussée de la tour a subsisté jusqu'au début du xix° siècle; elle a été détruite quand la tour a été rasée et a dû, selon toute vraisemblance, laisser des restes dans le sol qui en a recouvert les vestiges. Enfin, fait caractéristique et qui tranche la question, le remblai contenant les claveaux renfermait des poteries du commencement du xix° siècle, ce qui le date, sans doute possible, de l'époque de la destruction de la tour (1). On est donc fondé à conclure que les claveaux examinés sont bien ceux de la voûte qui s'élevait sur le rez-de-chaussée de la Tour de la Pucelle. De toute manière, ils appartiennent à un type courant de cette époque. Ils nous fournissent donc la meilleure valeur que nous puissions obtenir pour l'épaisseur d'arc cherchée, qui, d'après ces claveaux, est de 0 m. 25.

23. — EPAISSEUR DE LA VOUTE. — Il reste à déterminer quelle était l'épaisseur de la voûte. Cette fois, nous nous heurtons à un obstacle qui, à première vue, paraît infranchissable, car il semble impossible, en l'absence de données, de recourir à d'autres arguments qu'à des hypothèses purement gratuites.

Mais l'observation montre que les constructeurs du Moyen Age, à une époque et dans une région données, employaient régulièrement les mêmes procédés. Un membre d'architecture, une voûte ou un escalier par exemple, répondait donc en général à un type bien défini, qui présentait des caractères variant dans des

---

(1) Renseignements communiqués par M. Dagnet, propriétaire de l'immeuble.

limites assez étroites. La méthode à suivre dérive de cette constatation.

L'épaisseur de la voûte est à déterminer à la clef, c'est-à-dire au-dessus du sommet, point pour lequel la hauteur du rez-de-chaussée nous est donnée. Le type dont il s'agit ici est bien caractérisé : il consiste dans une voûte gothique reposant sur des arcs et surmontée d'une aire plane servant de plancher. C'est le cas des tours des châteaux et des enceintes fortifiées, ainsi que des tours d'églises et des clochers. En conséquence, nous avons à faire porter nos recherches sur les tours militaires normandes du Moyen Age en complétant les résultats ainsi obtenus par ceux que fournissent les tours et les clochers des églises de Normandie.

Dans le cas présent, il y a avantage pour l'interprétation à transformer les mesures métriques en pieds; le pied constituait, en effet, l'unité de mesure au Moyen Age et l'on se fait ainsi une idée plus claire des dimensions adoptées. Cette transformation ne saurait être d'une exactitude mathématique : les dimensions relevées présentent en effet des irrégularités dues au défaut de précision habituel aux gens du Moyen Age. Mais cela est de peu d'importance au point de vue de l'interprétation à donner aux résultats (Tableau I).

Tels sont les résultats de nos recherches. Ils présentent une exactitude très suffisante. Il s'agit maintenant de les examiner. L'épaisseur de 3 pieds, relevée au donjon du château de Rouen, est tout à fait exceptionnelle; nous la trouvons d'ailleurs dans un ouvrage beaucoup plus important que la Tour de la Pucelle. L'épaisseur de 2 pieds, au rez-de-chaussée de la Tour Saint-Romain, qui se place vers le commencement du

TABLEAU 1.

MONUMENTS	ENTRE	VOUTES (1)		ÉPOQUES
		En mètres.	En pieds.	
Donjon du Château de Rouen (2).............	Rez-de-chaussée et 1er étage	0m95	3	1205
Tour Saint-Romain de la cathédrale de Rouen (3).	Rez de-chaussée et 1er étage	0m65	2	vers 1170
Tour du Colombier à Rouen (4)...............	2e étage et terrasse	»	2	1409-1412
Tour du Prisonnier au Château de Gisors (5).....	1er étage et terrasse	0m69 environ	2 1/8	1193
— —	Cave et rez-de-chaussée	0m60 environ	1 3/4	1193
— —	Rez-de-chaussée et 1er étage	0m48 environ	1 1/2	1193
Clocher de l'église de Lion-sur-Mer (6).........	3e étage et terrasse	0m50	1/2	xiie siècle
Clocher de l'église de Saint-Loup (7)...........	Rez-de-chaussée et 1er étage	0m43	1 1/3	vers 1180
Tour Saint-Romain de la cathédrale de Rouen (3).	1er étage et 2e étage	0m40	1 1/4	3e tiers xiie siècle
Clocher de l'église de Douvres (Calvados) (8)....	Rez-de-chaussée et 1er étage	0m40	1 1/4	2e moitié xiie siècle
Clocher de l'église de Colombiers-sur-Seulles (9)..	Rez-de chaussée et 1er étage	0m32	1	vers 1170

(1) Epaisseur totale de la voûte, du dallage et de tous les éléments compris entre l'arc et l'aire plane supérieure.

(2) *Album de la Commission des Antiquités du département de la Seine-Inférieure*, album I, p. 19.

(3) Relevé de M. Emmanuel Chaine.

(4) Archives municipales de Rouen, Registre de délibérations A. 6 (1408-1411), f° 22 r°.

(5) De Dion, *Exploration des châteaux du Vexin*. Caen, Leblanc-Hardel, 1867, p. 24. (Extrait du *Bulletin monumental* de 1867).

(6) Ruprich-Robert, *L'Architecture normande aux XIe et XIIe siècles*. Paris, librairie des Imprimeries réunies, t. I, pl. XXXV.

(7) *Ibid.*, pl. CXXXIX.

(8) *Ibid.*, pl. CXLI.

(9) *Ibid.*, pl. CXL.

troisième tiers du xiiᵉ siècle, est aussi très forte : elle se montre en rapport avec la structure massive de cet étage de la tour. Une indication bien nette nous est donnée par la Tour du Colombier, à Rouen, et la Tour du Prisonnier, au château de Gisors. La première, construite il est vrai deux cents ans plus tard, est cependant intéressante parce qu'elle appartient à un type absolument semblable à celui de la Tour de la Pucelle par ses dimensions, sa structure intérieure prismatique à six pans et sa division en trois étages surmontés, deux d'entre eux de planchers et l'autre d'une voûte (1). Mais ici la voûte, épaisse de 2 pieds, couronnait la salle de l'étage supérieur et supportait une terrasse. Or, les voûtes surmontées de terrasses étaient toujours plus épaisses que les autres. Ce fait, que des recherches plus générales permettent de vérifier, se confirme à la Tour du Prisonnier, de Gisors, véritable donjon édifié par Philippe Auguste en 1193, c'est-à-dire à peu près à la même époque que le Château de Rouen; la voûte supérieure, sous plate-forme, a un peu plus de 2 pieds, tandis que les autres varient de 1 pied 3/4 à 1 pied 1/2.

L'épaisseur de 2 pieds apparaît donc comme un maximum qui ne devait même pas être atteint dans le cas considéré d'une tour moyenne; la vraie valeur est à chercher parmi les autres voûtes, celle de l'étage supérieur de la Tour Saint-Romain et celles de la Tour du Prisonnier et des clochers normands, qui toutes se placent vers la fin du xiiᵉ siècle. Ces voûtes présentent un type singulièrement constant. Nous y voyons l'épaisseur varier de 1 pied, dimension excep-

---

(1) Ce type semble avoir été en usage à Rouen pendant tout le cours du Moyen Age.

tionnelle, à 1 pied 3/4 environ. Il convient donc d'adopter la valeur médiane de 1 pied 1/2, soit 0 m. 49, approchée à 1/2 pied ou 0 m. 16 près, si l'on considère les limites extrêmes de 1 et 2 pieds, et à 1/4 de pied ou 0 m. 08, si l'on s'en tient aux valeurs de 1 pied 1/4 et 1 pied 3/4, auxquelles la variation paraît devoir être restreinte avec plus de vraisemblance.

24. — Elévation de l'étage. — Dès lors, il est facile d'obtenir l'élévation de l'aire du premier étage au-dessus de l'aire du rez-de-chaussée (Fig. 9). Il suffit d'additionner la hauteur de la voûte, 5 m. 10, l'épaisseur de l'arc, 0 m. 25 et l'épaisseur de la voûte, 0 m. 49, ce qui donne 5 m. 84. Mais les côtés rectilignes de l'arc servaient d'appui à la voûte, ainsi qu'en fait foi leur légère obliquité. La partie non moulurée de cet arc, 6 centimètres environ, se trouvait donc engagée dans la maçonnerie formée par la voûte, et la partie moulurée faisait seule saillie au-dessous. Il faut donc déduire 6 centimètres de la hauteur calculée, ce qui donne 5 m. 78.

Pour déterminer l'approximation avec laquelle nous connaissons cette dimension, considérons la hauteur de la voûte au-dessus du sol à la fin du xiiie siècle, l'élévation du sol au-dessus du rez-de-chaussée à cette même époque et l'épaisseur de la voûte. **En raison de la précision des indications données par Guilbert, il est rationnel d'admettre que la première de ces valeurs n'est pas erronée de plus de 1/4 de pied; autrement il eût été inutile de spécifier qu'elle ne comprenait pas l'arc supportant la voûte. Il paraît d'ailleurs plus que probable qu'elle a été mesurée par Guilbert avec une assez grande exactitude. L'élévation du sol au-**

dessus du rez-de-chaussée ne saurait comporter qu'une incertitude de quelques centimètres. Quant à l'épaisseur de la voûte, on a vu qu'on pouvait prendre 1/4 de pied comme limite pratique de l'erreur possible. On obtient ainsi un total d'une vingtaine de centimètres, que l'on peut porter à une trentaine en mettant tout au pis, en considérant par exemple l'incertitude sur l'épaisseur de la voûte comme égale à un demi-pied. Il y a toutefois bien des chances pour que les erreurs susceptibles d'affecter le résultat se compensent plus ou moins; aussi l'approximation de 20 centimètres paraît-elle plus rationnelle.

Dans ces conditions, il y a lieu d'adopter pour l'élévation du premier étage au-dessus du rez-de-chaussée la dimension de 5 m. 78, avec une incertitude d'environ 20 centimètres.

IV. — L'ESCALIER

25. — LA QUESTION DE L'ESCALIER. — **Nous** avons réussi à localiser la prison et à déterminer l'étage auquel elle était située et l'emplacement de sa partie inférieure, c'est-à-dire la position de son sol. Il reste à la limiter en hauteur. Le problème qui se pose maintenant est donc la recherche du niveau de son plafond ou du plancher qui le surmontait. Cette fois, c'est l'escalier qui va nous donner la solution.

La situation de l'aire du premier étage entraîne des conséquences qui apparaissent immédiatement. Si de 5 m. 78 on défalque 1 m. 28, pour la différence de niveau entre l'aire du rez-de-chaussée et le sol ancien de la cour, puis 1 m. 60, pour les huit marches d'accès, on constate que le point de départ de ces huit marches se trouvait à 2 m. 90 au-dessus du sol. Cette hauteur devient 3 m. 03 si l'on prend 1 m. 15 au lieu de 1 m. 28. *La première marche donnait donc nécessairement sur un escalier.*

Dans ces conditions, des deux solutions envisagées au début comme possibles (N° 10), celle de l'escalier droit accolé au rempart et *sous lequel* aurait été placée l'entrée de la prison se trouve par là même éliminée. Est seule acceptable la solution d'un escalier à vis permettant de donner accès à cette entrée (Fig. 9).

C'est là un fait très important au point où nous sommes arrivés de notre étude. Il existe en effet des relations étroites entre un escalier et les locaux qu'il a pour fonction de desservir; et comme les conditions compatibles avec une montée suffisamment facile et celles qui ont trait à l'espace occupé par l'escalier sont peu élastiques et assez difficiles à concilier avec les nécessités du service, *les solutions sont rigoureusement limitées.* Cela est si vrai que pour s'éviter des difficultés d'adaptation pouvant conduire à des embarras sérieux, il est sage de commencer un projet de construction par la détermination des éléments de l'escalier, détermination à faire d'ailleurs conformément aux données d'ensemble. On peut dire qu'en général c'est l'escalier qui commande le détail de la distribution des pièces et les hauteurs d'étages. Or, par cela même qu'elle limite l'action du constructeur, cette condition nous fournit dans le cas présent un excellent moyen d'investigation. Elle va nous permettre de préciser plusieurs points restés indéterminés jusqu'ici et notamment de fixer la position du plafond et la place de l'entrée de la salle. Et c'est ainsi que la question se trouve ramenée à l'étude de l'escalier.

Il est utile de faire une remarque : quelles qu'aient été les modifications ultérieures, ce sont les dispositions de la construction primitive du XIIIe siècle qu'il faut considérer, car ce sont elles qui permettent de déterminer les particularités des étages et des salles de la tour.

26. — L'EMPLACEMENT DE L'ESCALIER. — Où se trouvait placé cet escalier?

Il était extérieur à la tour. Il résulte en effet des recherches mentionnées plus haut que les huit marches d'accès correspondaient à la longueur d'un passage traversant le mur. Mais ce n'est pas la seule raison : on verra plus loin que par suite des conditions particulières au premier étage, l'établissement de l'escalier dans l'épaisseur du mur aurait conduit à des dispositions incompatibles avec les usages du temps et avec la solidité de la tour. Nous possédons des exemples d'escaliers extérieurs, placés dans des tourelles, notamment lorsque les murs des tours avaient une faible épaisseur, ou les escaliers un assez grand diamètre : Tour du Colombier, Tour Guillaume Lion, donjon du château de Gisors (1). Fait caractéristique, plusieurs vues de Rouen montrent cette disposition appliquée à une tour du château, qui peut être la Tour vers Saint-Patrice ou la Tour de la Pucelle, mais qu'il est difficile d'identifier : la tourelle, accolée à la tour, y est nettement marquée (2). Enfin, on verra par

(1) *Devis de la Tour du Colombier;* Archives municipales de Rouen, Reg. A. 6; 11 juin 1409. — *Devis de la Tour Guillaume-Lion;* Arch. mun. de Rouen, Reg. A. 4; 2 décembre 1396. — *Donjon de Gisors;* Louis Régnier, *Quelques mots sur les monuments de Gisors;* Gisors, Bardel 1909, p. 22 et 31; XIIe et XIVe ou XVe siècles.

(2) *Rothomagus, Rouan, 1620.* Zeiller, topographia Galliæ, Francfort, Mérian, 1655-1670. — *Rouano, descrizione della citta di*

la suite que la position extérieure de l'escalier est,
et est seule, en parfaite concordance avec les dispositions intérieures de la tour, telles qu'elles résultent
des éléments connus.

L'escalier n'était pas interposé entre la tour et le
rempart. En effet, la miniature du *Livre des Fontaines*
et les autres représentations du château de Rouen
montrent d'une manière évidente que les tours étaient
plus élevées que les courtines, disposition usuelle
d'ailleurs au XIIIe siècle, époque de la construction du
château. Les tours commandaient ainsi les courtines
et les interceptaient de place en place. Si l'assaillant
s'emparait d'une partie du rempart, ses progrès étaient
limités par les deux tours qui l'encadraient et il se
trouvait exposé à découvert au tir de leurs défenseurs.
Mais, pour que cette condition fût remplie, il fallait
qu'aucune construction ne vînt *masquer les vues de
la tour vers le rempart*. Or, pour desservir tous les
étages, l'escalier devait s'élever jusqu'en haut. Il ne
pouvait donc se dresser entre la tour et la courtine
(Fig. 7 et 10).

Sa seule place rationnelle était sur la cour, dans
l'angle formé par la tour et l'une des deux courtines,
car c'est ainsi qu'il pouvait être le plus facilement
établi et construit. Les fouilles n'ont pas permis de
découvrir la partie de la tour attenante aux deux courtines. D'ailleurs, cette partie a été dégradée par l'établissement d'une fosse d'aisances au XIXe siècle et il ne

Rouen. Bologna, Gioseffo Longhi, XVIIIe siècle. — *Profil de la
renommée ville de Rouen, capitale et métropolitaine du duché de
Normandie*. Paris, Boisseau, 1645.

Ces vues sont prises du même point. La tour en question se trouve
au premier plan des constructions du château. Les autres tours sont
plus ou moins masquées et figurées d'une manière plus sommaire.

paraît plus possible aujourd'hui de retrouver en ce point la trace des dispositions anciennes. Toutefois, la figuration du château dans le *Livre des Fontaines*, qui nous montre le côté Nord de la tour, ne présente pas d'escalier. C'est donc sur le côté non vu, c'est-à-dire à l'angle Sud, qu'il faut fixer l'emplacement cherché.

Le dessin de Jolimont paraît confirmer cette déduction (Fig 3). La brèche du rez-de-chaussée laisse apercevoir à gauche une fenêtre s'ouvrant dans la paroi opposée de la tour. Il est probable que cette fenêtre n'est pas très ancienne et a été créée postérieurement au déclassement du château. Mais quelle que soit l'époque à laquelle elle a été faite, elle se trouve placée du côté du terre-plein et de la courtine Nord et n'aurait pu être percée en ce point, même après la destruction de la courtine, si l'escalier avait été établi dans l'angle de cette courtine et de la tour. Comme l'escalier occupait près de 3 mètres, il est clair que cette conclusion ne nécessite pas que l'emplacement de la fenêtre soit déterminé avec précision.

L'examen des restes de la tour permet d'ailleurs d'éclairer la question en renseignant sur l'étendue du point d'attache de la tour avec le terre-plein de la cour (Fig. 10 et 10 *bis*). Pour cela, il faut d'abord déterminer les emplacements des deux courtines. Le parement extérieur C de la courtine Nord, reliant la tour au donjon, est nettement visible. Mais où se trouvait la courtine Sud? Si l'on suit la galerie basse C *y u* qui aujourd'hui longe extérieurement la souche de la tour, on se trouve arrêté en M par le mur de l'immeuble voisin, de sorte que le périmètre M A C compris entre M et C échappe aux investigations. C'est cette partie de la tour qui n'a pas été dégagée et qui correspond à la fosse d'aisances créée au XIXᵉ siècle, et c'est précisément de ce côté que la tour était attenante au terre-plein. Or, aussi bien dans la partie *u* M, voisine de l'emplacement probable de la courtine Sud, que sur le reste du pourtour *u y* C, on constate que les assises sont régulières et ne présentent pas trace d'arrachements. La courtine Sud D ne s'attachait donc pas à la tour en un point du segment *u* M, mais au delà, c'est-à-dire à l'Est du mur M ; l'existence de l'archère le confirme. Les relevés montrent que la partie C A D du périmètre, comprise entre les parements extérieurs des deux courtines, devait être un peu inférieure à CM et très voisine de 7 m. 50. L'épaisseur de la courtine Nord était de 1 m. 20 ; celle de la courtine Sud ne pouvait être sensiblement différente. Si l'on mesure sur le plan la portion de tour située du côté de la cour entre les deux courtines, on trouve 4 m. 50. On voit que de toute manière il ne saurait y avoir une grande différence entre les emplacements que l'on peut assigner à l'escalier dans l'angle Nord-Est ou dans l'angle Sud. Au demeurant, en raison des considérations exposées plus haut, c'est à l'angle Sud qu'il convient de le placer (1). La suite montrera que les données archéologiques vérifient cette déduction d'une

---

(1) On a fait remarquer que, sur le plan du *Livre des Fontaines*, le dessinateur avait en quelque sorte développé le château de part et d'autre du donjon et de la Tour de la Pucelle. Mais en réalité cet artifice de dessin n'a été appliqué qu'aux courtines et a consisté surtout à mettre la courtine Sud-Ouest du château, qui n'aurait pas dû être vue, dans le prolongement de la courtine Nord-Ouest. Dans les deux courtines attenant au donjon l'obliquité résultant de la perspective a été tout au plus légèrement atténuée. Quant aux tours, elles ont été représentées comme vues du Nord ; leur côté Sud était donc caché.

manière parfaite et qu'elles infirment au contraire l'hypothèse d'un escalier placé dans l'angle Nord-Est.

27. — Le type d'escalier des XII° et XIII° siècles. — Après avoir déterminé l'emplacement de l'escalier, il s'agit d'en reconstituer les dispositions. C'est là un problème qui nécessite, comme le problème de la voûte, une étude préliminaire en vue de rechercher si les escaliers de l'époque considérée se rapportaient à un type constant, quel était ce type et entre quelles limites variaient ses éléments constitutifs. Pour résoudre cette première partie du problème, nous avons étudié un certain nombre d'escaliers à vis construits à Rouen au XII° siècle et au commencement du XIII°, et examiné pour chacun d'eux la largeur de noyau, l'emmarchement, la hauteur de marche et la révolution.

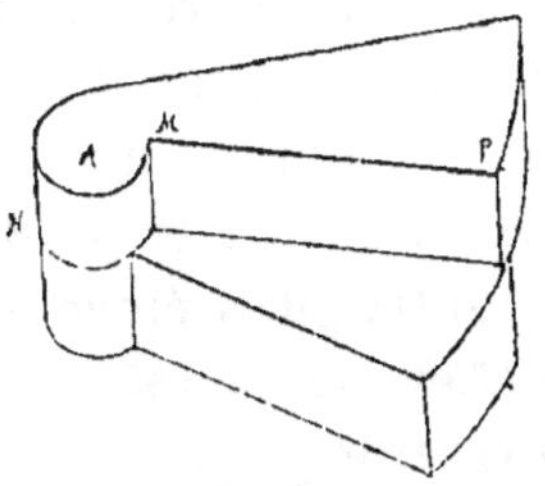

Fig. 6.
Marches d'escalier à vis.

On sait que les escaliers dits escaliers à vis se composaient de marches d'une seule pierre, terminées à un bout par une partie arrondie A (Fig. 6). Ces extrémités arrondies, superposées, formaient une sorte de colonne N appelée noyau. L'emmarchement MP, grande dimension de la marche, donnait la largeur de l'escalier entre le noyau et le mur de clôture. La largeur de la cage d'escalier était égale au double de cette longueur augmenté du diamètre du noyau. La révolution, nombre des marches comprises dans un tour complet, combinée avec la hauteur de marche, permettait de résoudre les questions relatives aux hauteurs à **franchir.**

Les résultats de nos recherches sont donnés par le tableau ci-contre (Tableau II).

Ajoutons qu'à ces escaliers il n'existait pas de paliers ou plutôt que la marche située vis-à-vis d'une entrée d'étage n'était pas sensiblement plus large que **les autres.**

Trois points ressortent de l'examen du tableau qui précède : les deux plus importants concernent la hauteur de marche et la révolution; le troisième a trait à la largeur de cage.

1° Caractère de première importance, la hauteur de marche est constante et égale à 0 m. 20 environ.

2° Le nombre de marches d'une révolution d'escalier est de 16 à 18, et par suite assez uniforme. Il se montre plus élevé à la Tour Saint-Romain, mais l'escalier de cette tour est notablement plus ancien et présente à ce point de vue un caractère exceptionnel qui paraît avoir été motivé par des conditions particulières de service et de construction. 16 marches sont un minimum.

3° Si pour chaque escalier on ajoute le noyau à l'emmarchement on obtient, à très peu près, la longueur totale de la marche. La largeur de la cage s'en déduit en augmentant cette longueur d'un emmarchement. On obtient ainsi les résultats suivants (Tableau III).

Les différences ou écarts entre les longueurs de marche et leur moyenne 1 m. 33 sont faibles; elles deviennent tout à fait insignifiantes si l'on considère le groupe très homogène 2, 3, 4 formé par les escaliers de la fin du xiiᵉ siècle et du commencement du xiiiᵉ. On paraît donc avoir adopté en principe une longueur de marche de 1 m. 33, qui correspond à 4 pieds. Les largeurs de cage, qui sont égales à deux longueurs de

TABLEAU II.

ESCALIERS	ÉPOQUE	NOYAU	Emmar-chement.	HAUTEUR de marche.	RÉVOLUTION
1. Cathédrale de Rouen. Tour Saint-Romain.......	XIIe siècle	0^{m}241	1^{m}225	0^{m}199 (1)	21 marches.
2. — — Déambulatoire, côté Sud...	Fin XIIe siècle ou	0^{m}30	1^{m}005	0^{m}20 à 0^{m}22	17 —
3. — — Déambuloire, côté Nord...	commencement XIIIe s.	0^{m}30	1^{m}03	0^{m}20	16 —
4. Donjon du château (Tour Jeanne-d'Arc)..	1205	0^{m}22	1^{m}12	0^{m}198 (2)	8 —
5. Cathédrale de Rouen. Escalier près de la Tour Saint-Romain...........................	XIIIe siècle	0^{m}236	1^m	0^{m}212 (3)	16 —

(1) Moyenne de 45 mesures.
(2) Moyenne de 87 mesures.
(3) Moyenne de 23 mesures.

TABLEAU III.

ESCALIERS	ÉPOQUE	LONGUEUR de marche.	ECART par rapport à la moyenne.	LONGUEUR de cage.	ECART par rapport à la moyenne.
1. Tour Saint-Romain..........................	XIe siècle	1m46	0m13	2m69	0m28
2. Déambulatoire, côté Sud................	Fin XIIe siècle ou	1m30	0m03	2m31	0m10
3. Déambulatoire, côté Nord....................	commencement XIIIe s.	1m33	0m	2m36	0m03
4. Donjon du château.........................	1205	1m34	0m01	2m46	0m05
5. Escalier près la Tour Saint-Romain..........	XIIIe siècle	1m23	0m10	2m24	0m17
Moyennes		1m33		2m41	

marche diminuées d'une seule largeur de noyau, présentent un peu plus d'irrégularité en raison de la variation des noyaux; mais les différences avec la moyenne restent très faibles dans le groupe 2, 3, 4. D'autre part, l'escalier de la Tour Saint-Romain et l'escalier situé près de cette tour (1 et 5) semblent répondre à des conditions spéciales, maxima et minima, de place et de service. L'examen du tableau montre comment les différentes valeurs se groupent autour de leur moyenne. Il fait ressortir leur tendance à se resserrer vers cette moyenne et établit ainsi l'homogénéité du caractère étudié.

Par ailleurs, ce caractère varie dans une certaine mesure en raison des conditions particulières qui peuvent conduire à s'écarter des dimensions moyennes. Ce cas se produit notamment lorsque le constructeur ne dispose que d'un espace restreint. Il convient donc, au point de vue de l'application, d'envisager cette variation et de se rendre compte de son étendue totale, de manière à préciser entre quelles limites il y a lieu de choisir la valeur à adopter et avec quelle approximation cette valeur peut être déterminée. Les limites sont les suivantes:

	Noyau.	Longueur de marche.	Cage.
Plus grande dimension...............	0ᵐ30	1ᵐ46	2ᵐ69
Plus petite dimension	0ᵐ22	1ᵐ23	2ᵐ24
Etendue de la variation (écart extrême)...	0ᵐ08	0ᵐ23	0ᵐ45

En définitive, l'étude des escaliers des XIIe et XIIIe siècles donne lieu aux constatations suivantes. La hauteur de marche est remarquablement fixe. La révolution, un peu plus variable, ne présente que la latitude nécessaire aux adaptations. La longueur de marche se montre régulière et les variations de la largeur de cage sont peu importantes. Le caractère d'uniformité apparaît comme particulièrement marqué dans les escaliers de la fin du xiie siècle et du commencement du xiiie, contemporains de celui de la Tour de la Pucelle. C'est là un fait dont il y a lieu de signaler la portée au point de vue de la reconstitution de l'escalier. Ainsi, les caractères essentiels, et surtout les plus importants, sont constants et ne présentent que des variantes de détail. Ils permettent donc de conclure à l'existence d'un type bien défini et légitiment l'adoption de ce type dans le travail de restitution.

En conséquence, nous tablerons sur des marches de 0 m. 20 de hauteur et sur une révolution de 16 à 18 marches, sans différences de largeur pour les paliers. Ce sont les seuls éléments qu'il soit nécessaire d'envisager pour le moment.

Partant de ces éléments, nous aurons à déterminer, pour l'espace compris entre le premier étage et le deuxième, le nombre des révolutions et le nombre de marches (16, 17 ou 18) de ces révolutions.

28. — Les conditions limites. — Après avoir fixé les caractères de l'escalier, il faut rechercher quelles conditions il était assujetti à remplir. Au point de vue auquel nous nous trouvons placés, ces conditions interviennent pour restreindre le champ des solutions possibles.

Les tours n'étaient pas des édifices quelconques où la fantaisie des constructeurs pût se donner libre carrière. Elles se trouvaient soumises à des règles générales, qui avaient abouti souvent à des routines, mais

qui résultaient de leur nature propre et de leur rôle
d'organes de défense; comme les voûtes et les escaliers,
elles constituaient des types. D'autre part, la situation
particulière de la Tour de la Pucelle devait nécessairement créer dans l'application de ces règles des conditions spéciales d'adaptation. On est ainsi conduit à
rechercher à quelles conditions, soit générales, soit
spéciales, doit satisfaire la solution.

Ces conditions, remarquons-le, ne se sont pas
nécessairement présentées aux constructeurs dans le
même ordre et sous la même forme qu'à nous. Pour
nous, elles résultent des données que nous possédons.
Mais il est indifférent, au point de vue de notre étude,
que certaines d'entre elles soient la conséquence des
dispositions adoptées au lieu d'en être la cause (1)
et la seule question qui nous importe est leur valeur
pratique.

1° Les premier et deuxième étages de la tour étaient
surmontés de planchers. Telle était, en effet, la disposition primitive du donjon, où la salle du rez-de-
chaussée se trouvait seule voûtée. Ce dernier fait a
été clairement prouvé par les recherches effectuées
en 1872 à l'occasion de la restauration de cet
édifice (2). Or, il n'est pas admissible qu'on ait adopté
pour une simple tour, comme la Tour de la Pucelle,
un système de construction supérieur à celui d'un
organe de la grandeur et de l'importance du donjon.
En ce qui concerne d'ailleurs le deuxième étage, qui

(1) Ainsi le décrochement de huit marches du premier étage, qui
constitue pour nous un point de départ, a été pour le constructeur
une disposition finale.

(2) F. Bouquet, *Notice historique et archéologique sur le donjon
du château de Philippe-Auguste, bâti à Rouen en 1205, aujourd'hui
Tour Jeanne-d'Arc.* Rouen, E. Augé, 1877, p. 60-64.

était surmonté d'un comble, la chose est évidente *a priori.*

2° Les hauteurs des premier et deuxième étages étaient inférieures à la hauteur du rez-de-chaussée. En effet, le rez-de-chaussée était voûté et, en raison des nécessités de construction, les voûtes étaient toujours, toutes choses égales d'ailleurs, plus élevées que les planchers. On en trouve un exemple frappant à la Tour du Colombier, où la voûte avait 14 pieds de haut et les planchers 10 pieds (1).

3° D'autre part, s'il existait une différence de hauteur entre le premier étage et le deuxième, c'est le deuxième qui devait être le moins élevé, car, dans une tour, le dernier étage était assez souvent plus bas que les autres et en tous cas n'était pas sensiblement plus élevé.

4° Enfin, les hauteurs d'étages étaient encore assujetties à une autre condition : elles devaient être telles que le rapport existant habituellement entre la hauteur et la largeur d'une tour se trouvât réalisé. Quel pouvait être ce rapport? Il s'agit de le déterminer; mais il faut d'abord le définir. Pour cela, il y a tout intérêt à en choisir les termes de manière qu'il se présente sous une forme pratique pour la résolution de la question. Ces termes s'imposent : ce sont, d'une part, la hauteur comprise entre l'aire du rez-de-chaussée et l'aire du comble ou de la plate-forme supérieure, et, d'autre part, le diamètre extérieur de la tour. Le rapport ainsi défini, appliquons à son étude la méthode déjà suivie pour les voûtes et les escaliers. A cet effet, relevons les deux dimensions indiquées sur des coupes de tours normandes *du même type*

____

(1) Archives municipales de Rouen, A. 6, f° 21 v°.

que la Tour de la Pucelle, c'est-à-dire de même forme et à trois étages avec voûte et planchers. Comme les documents sont peu nombreux, complétons et vérifions les résultats en faisant porter nos recherches sur les trois étages supérieurs de tours similaires plus élevées et en étendant nos investigations aux forteresses des XIIe et XIIIe siècles de diverses parties de la France. Nous obtenons ainsi le tableau suivant (Tableau IV) (1).

Sur ce tableau, la Tour du Prisonnier, de Gisors, et le donjon de Coucy ne sont portés qu'à titre d'indication, ces deux tours appartenant à un type notablement différent. Par contre, il importe d'appeler l'attention sur l'importance que présente la Tour du Colombier, en raison de sa très grande similitude avec la Tour de la Pucelle par ses dispositions générales et sa forme intérieure prismatique. L'examen du tableau montre que le rapport de la hauteur au diamètre était singulièrement constant dans les tours de ce type. Pour les tours normandes envisagées, il variait de 1,47 à 1,56, avec une moyenne et une médiane égales toutes deux à 1,52 environ. Si comme contrôle on considère aussi les tours de la deuxième série du tableau, on trouve une moyenne générale de 1,5 et une variation s'étendant de 1,37 (cas exceptionnel de la Tour du Trésau) à 1,6. On remarquera d'ailleurs que même

(1) Ce tableau ne comprend, à part les deux donjons, que des tours similaires à la Tour de la Pucelle, à l'exclusion de celles qui présentent des caractères différents, comme les grosses tours d'artillerie, les tours de formes et de dimensions spéciales, etc. Les renseignements qu'il contient ont été empruntés à des relevés publiés par des auteurs dont l'exactitude est reconnue. Lorsqu'on a eu recours au *Dictionnaire de l'Architecture*, de Viollet-le-Duc, on n'a utilisé que les monuments auxquels cet architecte avait lui-même travaillé et sur lesquels il s'était personnellement renseigné.

TABLEAU IV.

	ÉPOQUE	HAUTEUR H	DIAMÈTRE D	RAPPORT $\frac{H}{D}$	OBSERVATIONS
1. Tours normandes :					
Tour de Neaufle (1)	XIe siècle	20m	13m60	1,47	3 étages supérieurs (sans la cave)
Château-sur-Epte. Donjon (2)	Fin XIe siècle	17 à 18m	11m20	1,5 (à 1,6)	
Tour du Colombier, à Rouen (3)	1409-1412	37 à 38 p.	24 p.	1,56	
2. Tours diverses :					
Montépilloy (4)	XIIe siècle	24m60	16m60	1,48	
Tour du Major, à Carcassonne (5)	Fin XIIe siècle	12m80	8m80	1,45	
Château de Coucy. Tour Sud-Ouest (6)	2e 1/4 XIIIe siècle	26m	18m	1,44	3 étages supérieurs
Château de Coucy. Tour Nord-Ouest (7)	2e 1/4 XIIIe siècle	22m	13m50	1,6	3 étages supérieurs
Tour de l'Evêque, à Carcassonne (8)	Fin XIIIe siècle	14m	9m	1,55	3 étages supérieurs
Tour du Trésau, à Carcassonne (9)	Fin XIIIe siècle	20m60	15m	1,37	3 étages supérieurs (type un peu exceptionel)
3. Donjons de type spécial :					
Château de Gisors. Tour du Prisonnier (10)	1193	19m50	14m30	1,35	
Château de Coucy. Donjon (11)	1er 1/2 XIIIe siècle	38m40	28m80	1,33	

(1) De Dion, *Exploration des châteaux du Vexin*, p. 28-29.
(2) *Ibid.*, p. 35-37.
(3) Archives municipales de Rouen, Reg. A. 6, f° 21, v° et 22 r°.
(4) Viollet-le-Duc, *Dictionnaire raisonné de l'Architecture française*, t. IX, p. 133.
(5) *Ibid.*, t. IX, p. 79.
(6) E. Lefèvre-Pontalis, *Le château de Coucy*. Paris, Laurens, p. 65.
(7) Viollet-le-Duc, *op. cit.*, t. IX, p. 88.
(8) *Ibid.*, t. IX, p. 97.
(9) *Ibid.*, t. IV, p. 276.
(10) De Dion, *op. cit.*, p. 7 et 24.
(11) Viollet-le-Duc, *op. cit.*, t. V, p. 79.

au donjon de Coucy et à la Tour du Prisonnier, de Gisors, le rapport ressort à 1,33 et 1,36, sans grande différence avec 1,5.

On peut donc légitimement adopter pour la Tour de la Pucelle soit le rapport de 1,52, trouvé pour les tours normandes, soit le rapport de 1,5, dont le caractère est plus général; mais le premier tient mieux compte de la similitude de la Tour de la Pucelle et de la Tour du Colombier. On a vu que le diamètre de la Tour de la Pucelle variait de 10 mètres à 10 m. 50. En prenant la moyenne, soit 10 m. 25, et en la multipliant par 1,52, on obtient 15 m. 58. C'est la hauteur la plus probable de la tour. Le minimum de hauteur admissible se calcule au moyen du diamètre le plus faible, 10 mètres, et du rapport le moins élevé des tours normandes, 1,47; il est de 14 m. 70. Le rapport de 1,37, le plus bas des deux séries réunies, donnerait 13 m. 70 (1). En conséquence, les solutions les meilleures seront celles qui supposeront une hauteur voisine de 15 m. 58. D'autre part, celles qui conduiront à une hauteur inférieure à 14 m. 70 et à plus forte raison à 13 m. 70, seront à rejeter *a priori*.

29. — Les épaisseurs de planchers. — Comme conséquence de la discussion précédente, il reste à

---

(1) Il est intéressant de se rendre compte des résultats que donne l'adoption des diamètres de 10 m. 50 et 10 mètres et des rapports de 1,5 et 1,52.

$$10 \text{ m. } 50 \times 1,5 = 15 \text{ m. } 75 ;$$
$$10 \text{ mètres} \times 1,5 = 15 \text{ mètres} ;$$
$$10 \text{ m. } 25 \times 1,5 = 15 \text{ m. } 38 ;$$
$$10 \text{ m. } 50 \times 1,52 = 15 \text{ m. } 96 ;$$
$$10 \text{ mètres} \times 1,52 = 15 \text{ m. } 20 ;$$
$$10 \text{ m. } 25 \times 1,52 = 15 \text{ m. } 58.$$

déterminer quelle était l'épaisseur des planchers sur-
montant les salles des premier et deuxième étages. Au
donjon du château de Rouen, le plancher établi au-
dessus du premier reposait sur deux grosses poutres
de 0 m. 33 (un pied) d'équarrissage (1). Mais une tour
comme la Tour de la Pucelle ne devait comporter
qu'un solivage (Fig. 9); la question est d'ailleurs de
peu d'importance, la hauteur de plafond devant être
comptée sous les solives.

Le donjon de Chambois nous fournit un bon exemple
de planchers (2). Nous y trouvons des solives de 0 m. 22
environ, surmontées d'un remplissage et d'une aire
ayant 0 m. 20 de hauteur. Ces dimensions sont bien
d'accord avec les usages de cette époque. En admettant
une épaisseur totale de 0 m. 40, on ne peut commettre
une erreur sensible.

30. — La deuxième volée de l'escalier et la hauteur du premier étage. — Nous possédons maintenant toutes les données nécessaires pour reconstituer
l'escalier, auquel nous allons demander la solution
cherchée. Le problème qui se pose consiste à rétablir
la volée comprise entre le premier étage et le deuxième
(deuxième volée de l'escalier), en déterminant combien
elle contient de révolutions et quel est le **nombre**
exact de marches de chaque révolution. Nous savons
que les marches doivent avoir 0 m. 20 de hauteur et
qu'une révolution en comporte de 16 à 18. Quant à la
cage de l'escalier, les constatations faites au N° 27
conduisent à lui donner les dimensions du groupe

(1) Bouquet, *Notice historique et archéologique sur le donjon du
château de Philippe-Auguste, bâti à Rouen en 1205*, p. 63.

(2) Ruprich-Robert, *L'Architecture normande aux XI*ᵉ *et
XII*ᵉ *siècles*, t. II, pl. CXLIX.

homogène de la fin du XII° siècle et du commencement du XIII°; il y a donc lieu d'adopter 1 mètre pour l'emmarchement, c'est-à-dire pour la largeur d'escalier, et 1 pied, soit 0 m. 32, pour le noyau, ce qui donne 2 m. 32 pour le diamètre intérieur de la cage. D'autre part, les combinaisons possibles sont assujetties à satisfaire aux conditions de hauteur établies pour les étages et pour la tour (1). C'est ici que se manifeste l'étroite dépendance de l'escalier par rapport aux nécessités de construction; les considérations qui suivent montreront à quel point cette dépendance peut être tyrannique.

Il convient d'examiner avant tout comment sont constitués les paliers qui assurent la correspondance des entrées d'étages avec l'escalier (Fig. 9 et 10). A l'époque considérée, les portes et en particulier les passages d'accès avaient une largeur de 0 m. 80 environ (2 pieds 1/2). Si l'on se base sur le diamètre de cage de 2 m. 32, la circonférence le long du mur de clôture de l'escalier est de 7 m. 28. Les révolutions pouvant être de 16 à 18 marches, il en résulte une largeur de marche contre le mur égale à 0 m. 43 ou 0 m. 45. Une entrée de 0 m. 80 correspond donc à deux marches environ. Quelle est celle de ces deux marches qui doit se trouver au niveau de l'entrée? D'après les escaliers étudiés, c'est la plus élevée. C'est donc cette marche qu'il faut considérer comme le palier et qui se trouve, par suite, la dernière de la

(1) Il n'est peut-être pas inutile de faire remarquer que ces conditions, parfaitement suffisantes pour régir les dispositions de l'escalier, seraient à elles seules trop peu précises pour permettre de proposer des hauteurs d'étages.

révolution inférieure aboutissant à l'étage. Il en résulte que la première marche de chaque révolution est celle qui suit le palier précédent, immédiatement **après** l'entrée. Or, les entrées ne peuvent être placées qu'au point de contact de l'escalier et de la tour; elles **sont** toutes, par suite, exactement superposées. Les points de départ de toutes les révolutions sont donc situés sur la même verticale, celle du côté des **entrées placé** vers la montée.

Envisageons la volée qu'il s'agit de **reconstituer;** nous voyons immédiatement intervenir **des conditions** qui lui sont particulières :

1° Les entrées des premier et deuxième **étages** devant se trouver exactement l'une **au-dessus de** l'autre, il ne peut y avoir entre ces deux **étages qu'un** nombre entier de révolutions; soit une, soit deux;

2° La latitude laissée pour faire varier **la hauteur** de la volée consiste dans la faculté de prendre 16, 17 ou 18 marches par révolution; elle est donc **très faible;**

3° Le seul autre moyen dont on dispose pour racheter des différences de niveau entre **l'aire du** deuxième étage et le palier correspondant **est de créer,** comme au premier, un escalier de huit marches **dans** l'épaisseur du mur.

Les solutions sont donc limitées par **ces conditions.** Observons d'ailleurs qu'il n'en est pas **de même de** la volée comprise entre le deuxième étage et le **comble,** cette volée n'ayant pas à satisfaire aux mêmes nécessités.

Dans ces conditions, les seules solutions **susceptibles** d'être envisagées sont les suivantes.

Première solution. — Admettons une seule révolution de 18 marches, **nombre maximum, avec un** degré de huit marches entre le palier et l'aire du deuxième étage, c'est-à-dire avec la même disposition qu'au premier. Ce sont là les conditions qui permettent d'obtenir la plus grande hauteur possible avec une seule révolution (1). On aura, de l'aire du premier à celle du deuxième, 3 m. 60 et, de l'aire du deuxième à celle du comble, 3 m. 60 au plus, puisque le dernier étage ne saurait être plus élevé. Remarquons que chacune de ces dimensions comprend l'épaisseur du plafond de l'étage ou, si l'on préfère, du plancher de l'étage supérieur. La hauteur totale de la tour, depuis l'aire du rez-de-chaussée jusqu'à celle du comble, ressort alors à 12 m. 98. Or, bien que l'on ait tablé sur les données maxima, *cette hauteur se trouve inférieure non seulement au minimum de 14 m. 70, calculé d'après les tours normandes, mais même à celui de 13 m. 70, basé sur le rapport le plus faible de l'ensemble des tours.* Cette solution ne peut donc être admise. D'ailleurs, le seul fait de nécessiter deux raccordements de huit marches jette sur elle une défaveur (2).

Deuxième solution. — Une révolution unique ne suffisant pas, prenons-en deux tout en maintenant, à titre d'essai, l'escalier de raccordement de huit

---

(1) La révolution, qui commence huit marches au-dessous du premier, s'arrête ainsi huit marches au-dessous du deuxième ; en d'autres termes, le deuxième est reporté à huit marches au-dessus du palier, de manière à récupérer la hauteur perdue au premier. La distance entre les deux aires devient dès lors égale à la distance entre les deux paliers, c'est-à-dire à une révolution complète.

(2) Si même, par acquit de conscience, on envisage une révolution de 21 marches, ce qui constitue un cas tout à fait exceptionnel, on obtient pour la tour une hauteur de 14 m. 18, inférieure au minimum de 14 m. 70, et ici encore on se trouve conduit à placer un degré de huit marches au deuxième comme au premier.

marches au deuxième étage; mais adoptons pour chaque révolution 16 marches, nombre le plus faible que l'on puisse admettre. Malgré cette restriction, la distance entre les aires du premier et du deuxième se monte à 6 m. 40; il en résulte pour le premier, en défalquant l'épaisseur du plancher supérieur, une *hauteur sous plafond de 6 mètres, beaucoup trop grande par rapport à la hauteur du rez-de-chaussée,* qui est de 5 m. 10. Cette solution est donc également à rejeter.

Le tableau V résume cette discussion.

Troisième solution. — La seule solution admissible consiste donc à adopter deux révolutions, mais à réduire en même temps la hauteur en plaçant l'aire du deuxième au niveau du palier d'arrivée. Cette solution présente d'autant plus de vraisemblance que le constructeur n'a eu aucun intérêt à multiplier les escaliers de raccordement. S'il en a créé un au premier, c'est évidemment parce que la situation particulière de cet étage l'a conduit à faire porter sur ce point une inégalité de niveau qu'il était plus commode de placer là qu'ailleurs. Reprenons la question de la distance entre les aires du premier et du deuxième. Le sol du premier étage se trouvant à huit marches (1 m. 60) au-dessus du premier palier et la hauteur des deux révolutions se comptant d'un palier à l'autre, on obtient la distance cherchée en diminuant cette hauteur de huit marches, c'est-à-dire de 1 m. 60. Cela posé, les résultats diffèrent selon que l'on attribue à la révolution 18, 17 ou 16 marches. Calculons ces résultats et apprécions leur valeur. On sait que le plus probable est celui qui est basé sur la hauteur de tour la plus voisine de 15 m. 58 (Tableau VI).

Tableau V.

SOLUTION	Nombre de révolutions.	Nombre de marches par révolution.	Distance de l'aire du 1er à l'aire du 2e.	Hauteur de plafond du 1er.	Distance de l'aire du 2e à l'aire du comble.	Hauteur de la tour de l'aire du rez-de-chaussée à l'aire du comble.
1	1	18	3^m60		3^m60	12^m98
2	2	16	6^m40	6 mètres		

Nombre de marches par révolution.	Distance de l'aire du 1er à l'aire du 2e. $h_1 = 2$ révol. — 1^m60.	Hauteur du 1er sous plafond. $h'_1 = h_1 - 0^m40$.	Distance de l'aire du rez-de-chaussée à l'aire du 2e. $H = 5^m78 + h_1$.	Distance de l'aire du 2e à la hauteur de 15^m58. $h_2 = 15^m58 - H$.	Hauteur du 2e sous plafond. $h'_2 = h_2 - 0m40$.
18	5^m60	5^m20			
17	5^m20	4^m80	10^m98	4^m60	4^m20
16	4^m80	4^m40	10^m58	5 mètres	4^m60

Avec des révolutions de 18 marches, le premier étage a une hauteur sous plafond de 5 m. 20, supérieure à la hauteur du rez-de-chaussée, alors qu'elle devrait être notablement inférieure. Cette variante est donc à éliminer. Les révolutions de 17 et de 16 marches donnent, à ce point de vue, des solutions acceptables, bien que celle de 17 attribue une hauteur un peu forte au premier, et celle de 16, au deuxième. Pour choisir entre elles, faisons intervenir la hauteur du deuxième étage. Déterminons-la en retranchant de 15 m. 58, pris comme hauteur de la tour, le rez-de-chaussée et le premier. Les révolutions de 17 marches donnent pour le premier étage et pour le deuxième 4 m. 80 et 4 m. 20, qui diffèrent de 0 m. 60; celles de 16 marches, 4 m. 40 et 4 m. 60, qui sont peu éloignées l'une de l'autre. Les deux solutions sont possibles et l'on n'a pas le moyen de décider entre elles.

Pour lever ce doute, considérons la partie terminale de l'escalier, en haut de la tour, telle qu'elle a pu être construite au XIII⁰ siècle (Fig. 7 et 9). Rappelons que les paliers sont exactement superposés, que la marche correspondant à chaque palier est la dernière de la révolution située au-dessous et que la première marche de chaque révolution est celle qui se trouve placée immédiatement après le palier. A hauteur du comble, l'escalier peut se terminer en un point quelconque : en effet, on a toujours la possibilité d'établir au niveau de la dernière marche un dallage horizontal qui permette de rejoindre le point d'accès de la tour, nécessairement situé au-dessus des entrées d'étages. Mais, si l'on n'y prend garde, on peut ainsi entraver la montée. La hauteur, dite *échappée,* existant entre deux marches superposées appartenant à deux révolutions successives, reste constante tant que ces deux révolutions montent ensemble. Il n'en est plus de même lorsque la révolution supérieure s'arrête pour faire place à une partie horizontale, tandis que celle qui se trouve au-dessous continue à s'élever. La distance qui les sépare diminue progressivement et la montée devient dangereuse ou impossible si le plafond ne s'arrête avant que l'échappée n'ait été trop réduite. Examinons si les deux variantes envisagées de la troisième solution satisfont à cette nécessité.

La dernière volée de l'escalier comprend *une révolution entière augmentée de plusieurs marches supplémentaires*. Il résulte des considérations précédentes que, si le point d'accès de la tour est placé **exactement au-dessus des entrées d'étages**, la dernière marche située sous dallage est *la dernière de la révolution entière*. Un simple raisonnement montre que *l'échappée* au-dessus de cette marche est égale *à la hauteur totale des marches supplémentaires, diminuée de l'épaisseur de la dalle*, qu'on peut évaluer à un demi-pied ou 0 m. 16 au maximum.

Nombre de marches d'une révolution.	Distance de l'aire du 2e à l'aire du comble.	Nombre correspondant de marches.	Nombre de marches en plus d'une révolution.	Echappée.
17	4ᵐ60	23	6	1ᵐ04
16	5 mètres.	25	9	1ᵐ64

Bien que les escaliers à vis du Moyen Age présentent assez souvent une réduction de l'échappée à leur partie terminale, réduction qui conduit parfois à entailler par-dessous les dalles supérieures, les résultats précédents sont trop faibles, surtout si l'on envisage la montée d'hommes armés portant des casques. Mais il est possible de corriger ce défaut par un léger décalage du passage donnant accès à la tour. Il suffit pour cela de supprimer la dalle située au-dessus de la dernière marche de la révolution (c'est-à-dire de celle qui est superposée aux paliers), en reportant l'entrée du haut de la tour au-dessus de la marche précédente; la chose est possible, en raison de la latitude dont on dispose à la partie supérieure de la tour. Cette mesure permet de gagner 0 m. 20. Dès lors, la question se trouve naturellement tranchée : avec la révolution de 17 marches on n'obtient qu'une échappée de 1 m. 24, nettement insuffisante, tandis que la révolution de 16 marches donne 1 m. 84, ce qui est normal. C'est donc cette dernière qu'il convient d'adopter (1).

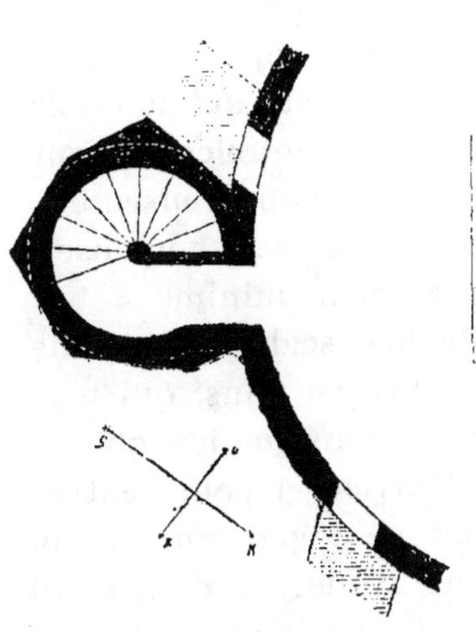

Fig. 7.

Plan de la partie supérieure de l'escalier extérieur à la tour.

(1) En tablant sur une hauteur de tour de 15 m. 38, calculée d'après le rapport de 1,5 au lieu de 1,52, on obtiendrait cinq marches supplémentaires pour la révolution de 17 marches, et huit

On remarquera que le déplacement du point d'accès peut s'effectuer, que l'escalier tourne de droite à gauche ou de gauche à droite; mais la première de ces deux dispositions est la plus favorable, car elle permet de mieux dégager les vues du haut de la tour sur la courtine.

Il reste à examiner quelle est la précision de la solution finalement obtenue pour la hauteur du premier étage. L'écart qui peut avoir existé entre cette solution et la réalité ne dépend que de l'appréciation de l'épaisseur du plancher, qui ne présente qu'un faible aléa, et que des irrégularités susceptibles d'avoir affecté les hauteurs de marches; or, dans l'ensemble, ces irrégularités devaient tendre à se compenser. L'erreur résultante est donc forcément minime.

Si l'on admet pour la tourelle de l'escalier une forme extérieure prismatique, c'est-à-dire en pans, qui présente de plus grandes facilités de construction qu'une forme cylindrique, il y a lieu d'envisager pour l'entrée du deuxième étage, en raison de l'épaisseur de la maçonnerie, la possibilité d'une avance ou d'un recul égal à une largeur de marche (1). La hauteur de plafond du premier peut de ce fait être diminuée ou augmentée de 0 m. 20. L'avance de l'entrée du deuxième conduirait à déplacer l'accès du haut de la

pour celle de 16. Les résultats seraient sensiblement les mêmes, bien qu'un peu plus faibles. Avec une hauteur de 15 mètres, l'échappée se trouverait réduite à 0 m. 64 pour la révolution de 17 marches et à 1 m. 24 pour celle de 16. Si, d'autre part, la hauteur était supérieure à 15 m. 58, le deuxième étage deviendrait trop élevé par rapport au premier. La hauteur de tour calculée comme la plus probable est donc vérifiée par les nécessités de construction.

(1) Au donjon du château de Gisors, l'escalier du XII⁰ siècle est dans un contrefort et celui du XIV⁰ ou du XV⁰, dans une tourelle octogonale. (L. Régnier, *Quelques mots sur les monuments de Gisors*, p. 22 et 31).

tour d'une manière inacceptable. D'autre part, une augmentation de la hauteur est peu vraisemblable, le plafond étant déjà très élevé. Si malgré tout on tient compte de cette double éventualité, on voit que l'approximation obtenue pour la hauteur du premier étage est au total d'un peu plus de 0 m. 20 en plus ou en moins; elle est sensiblement équivalente à celle de la hauteur du premier au-dessus du rez-de-chaussée (1).

En conséquence, on est en droit de conclure que la hauteur du premier étage, c'est-à-dire celle de la prison, sous plafond et comptée à partir du sol de l'étage, était de 4 m. 40 environ.

31. — LA PARTIE INFÉRIEURE DE L'ESCALIER (Fig. 9 et 10). — Nous avons commencé la reconstitution de l'escalier par la partie médiane en conséquence de la méthode adoptée. Nous l'avons continuée par la partie supérieure, qui a permis d'élucider complètement la question. Nous la terminerons par la volée inférieure, dont l'étude présente le double avantage de renseigner sur la manière dont on accédait à la prison et de contrôler la solution obtenue en vérifiant si elle ne conduit à aucune impossibilité et si elle satisfait bien à toutes les nécessités.

Quelle est la hauteur du palier du premier au-dessus du sol?

(1) Dans une étude de ce genre on n'est jamais certain qu'il n'existe pas de facteurs secondaires ayant échappé à l'analyse et susceptibles de modifier un peu le résultat. Aussi est-il prudent de ne pas attribuer des limites trop étroites au degré d'incertitude qui l'affecte. Mais si, dans le cas présent, la valeur calculée ne représente pas exactement la précision que l'on peut obtenir, elle en donne au moins une idée claire et en fait ressortir l'ordre de grandeur.

On a vu (N° 25) qu'elle se monte à 2 m. 90 ou 3 m. 03, c'est-à-dire à environ 3 mètres, correspondant à 15 marches, la légère différence pouvant se racheter par une faible variation dans la hauteur des premières marches. Ainsi la première volée contient une marche de moins qu'une révolution entière, qui en comprend 16. La conséquence saute aux yeux : le point d'arrivée de cette volée étant nécessairement le palier du premier, son point de départ est reculé d'une marche par rapport à la verticale des paliers (Fig. 10).

Supposons que l'escalier tourne de gauche à droite, c'est-à-dire que dans la montée on ait le noyau à sa droite. La première marche est en *a*. Dès lors, il devient impossible de mettre en A la porte de l'escalier sur la cour : la place fait défaut en raison de la situation de la marche.

Est-il possible de mettre la porte en B, au-dessous de la volée, de manière à rejoindre la marche *a* en tournant de plain-pied autour du noyau? Pas davantage. En effet, cette porte devant correspondre à deux marches, sa hauteur est réglée par la plus basse, la huitième, sous laquelle il n'y a que 1 m. 40 de hauteur. L'entrée ne saurait être rapprochée de la courtine sans être rendue extrêmement incommode. Au reste, une différence d'une marche, ou de 0 m. 20 de hauteur, ne permettrait d'obtenir que 1 m. 60, ce qui serait encore insuffisant.

Si l'escalier tourne de droite à gauche, tout change. La première marche se trouve en 1 et l'on peut pratiquer en P, sous les dixième et onzième marches, une porte de 1 m. 80 de haut. Il n'y a d'ailleurs aucun intérêt à reculer l'entrée, car elle serait d'un accès plus difficile en raison de la proximité de la tour.

La hauteur du premier étage au-dessus du rez-de-chaussée a été déterminée à 0 m. 20 près en plus ou en moins, ce qui peut conduire à avancer ou à reculer le point de départ d'une marche au maximum. Cette modification serait sans influence sur la solution de l'escalier tournant de droite à gauche et n'améliorerait pas sensiblement, dans le cas le plus favorable, celle de l'escalier tournant de gauche à droite.

Comment pénétrait-on au rez-de-chaussée? Ce ne pouvait être directement de la cour, car, ainsi qu'on le verra par la suite, il aurait fallu placer la porte dans un angle, en raison de l'orientation des faces intérieures de la salle (1). L'entrée était nécessairement située sur l'escalier, au-dessous de celles des étages. Elle s'ouvrait sur un passage pratiqué dans l'épaisseur du mur de la tour et comportait une descente de six marches pour racheter la différence de niveau.

Il résulte de ce qui précède que l'on accédait à la tourelle de l'escalier par la porte P; on suivait de plain-pied la partie droite de la cage en laissant à droite l'entrée du rez-de-chaussée et l'on trouvait la première marche un peu au delà en 1. On montait ensuite en tournant de droite à gauche.

L'escalier ne pouvait être éclairé que par des fenêtres donnant sur la cour. Selon les dispositions usuelles de l'époque, c'étaient des ouvertures étroites ayant la forme de fentes verticales de quelques centimètres de largeur.

32. — Une autre solution, également conforme aux usages du temps, peut, à première vue, paraître accep-

---

(1) Sur les faces constituant les murs intérieurs de la tour, voir n° 3, 7° (Relation de Guilbert). Cette question est discutée ci-dessous, n° 33.

table : c'est celle d'un escalier pratiqué dans l'épaisseur du mur de la tour (Fig. 8). Elle nécessite la réduction du noyau à 0 m. 22 et de l'emmarchement à 0 m. 85, dimension inférieure aux dimensions obtenues par les recherches (1).

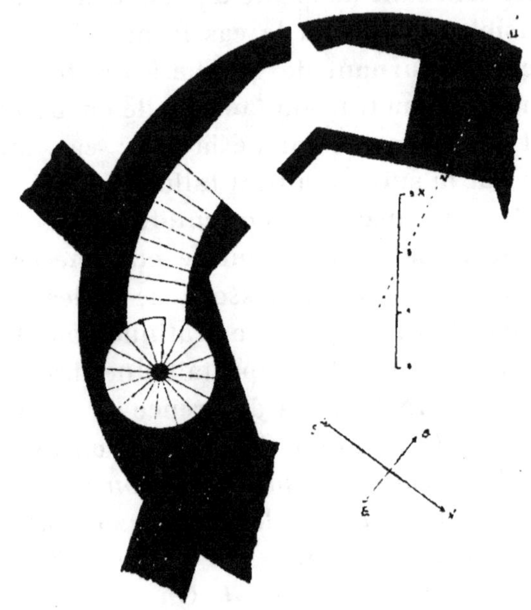

Fig. 8.
Plan correspondant à la solution de l'escalier intérieur.

L'existence du raccordement de huit **marches la** rend très improbable dans ce cas particulier. **En effet,** le passage des huit marches, au lieu de **traverser le** mur dans le sens du rayon, devrait être dirigé **dans le** sens de la circonférence, suivant la disposition repré-

(1) Dimensions nécessaires pour laisser une épaisseur minima d'un pied à la maçonnerie entourant la cage.

sentée par la figure 8. On voit que le vide formé par le passage et la porte s'orienterait vers l'extérieur de la forteresse, alors qu'au Moyen Age, dans les tours peu épaisses, les constructeurs avaient soin de le localiser du côté de l'intérieur. Si, de plus, on tient compte du réduit qui, ainsi qu'on le verra ultérieurement, devait s'ouvrir sur le passage du côté Sud (1), on constate que la tour se trouverait *évidée d'une manière continue sur près du tiers de son pourtour;* ce serait trop en raison du peu d'épaisseur du mur. D'ailleurs, il apparaîtra plus loin que cette solution cadre mal avec les dispositions intérieures de la tour. La solution de l'escalier extérieur, appuyée par la concordance entre la longueur du passage et l'épaisseur du mur, par l'existence de ce type d'escalier, à Rouen, dans des tours minces et par son accord avec les autres dispositions s'impose donc d'une manière incontestable.

Au demeurant, la solution de l'escalier intérieur n'apporterait pas de changements sensibles aux dispositions trouvées. Le principal serait le déplacement de l'entrée de la prison d'environ 3 mètres vers le Sud, les divers points conservant à peu près leurs positions respectives. En ce qui concerne la hauteur, la seule solution pratique consisterait à placer l'entrée du deuxième étage de plain-pied avec le palier et directement sur l'escalier; cela conduirait à ajouter trois ou au moins deux marches. La hauteur du premier ressortirait alors à 5 mètres ou à 4 m. 80, ce qui serait beaucoup et donnerait en tous cas un résultat moins satisfaisant que l'escalier extérieur. Quant à l'escalier même, il tournerait de gauche à droite et sa porte

____

(1) Cette condition permet de situer le passage des huit marches au Sud de l'escalier.

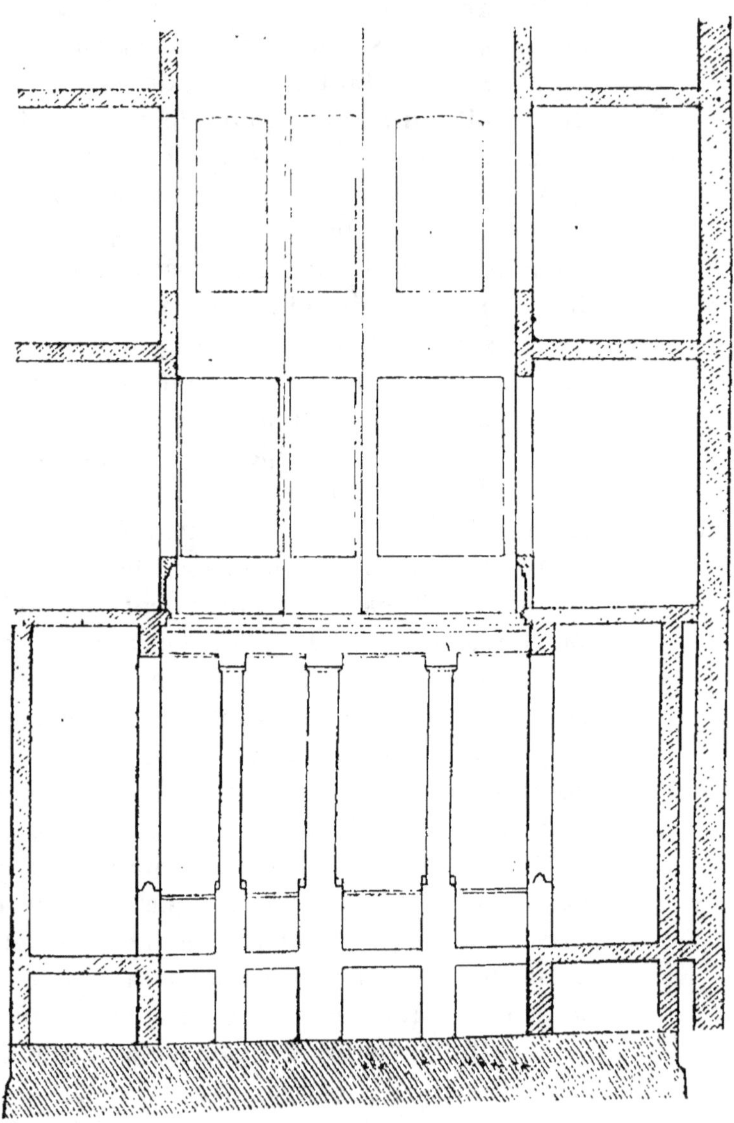

Fig. 9 *bis*. — État actuel. Coupe de la cour

[illegible] par le [illegible] on voit que [illegible] forme
le passage [illegible] orientait vers l'extérieur
[illegible] alors qu'au Moyen Âge, dans les [illegible]
[illegible] les [illegible] directeurs avaient soin de le [illegible]
[illegible] l'intérieur. Si de plus [illegible]
[illegible] qu'on [illegible] le [illegible] intérieur
[illegible] il [illegible] sur le passage du côté [illegible] (1), on [illegible]
[illegible] quelqu'un se montre à [illegible] de manière [illegible]
[illegible] près de lien, de son [illegible] de [illegible]
[illegible] de peu d'épaisseur [illegible]. D'ailleurs
[illegible] il apparaît [illegible] plus [illegible] que cette [illegible] cadre
[illegible] les [illegible] intérieures de [illegible]
[illegible]

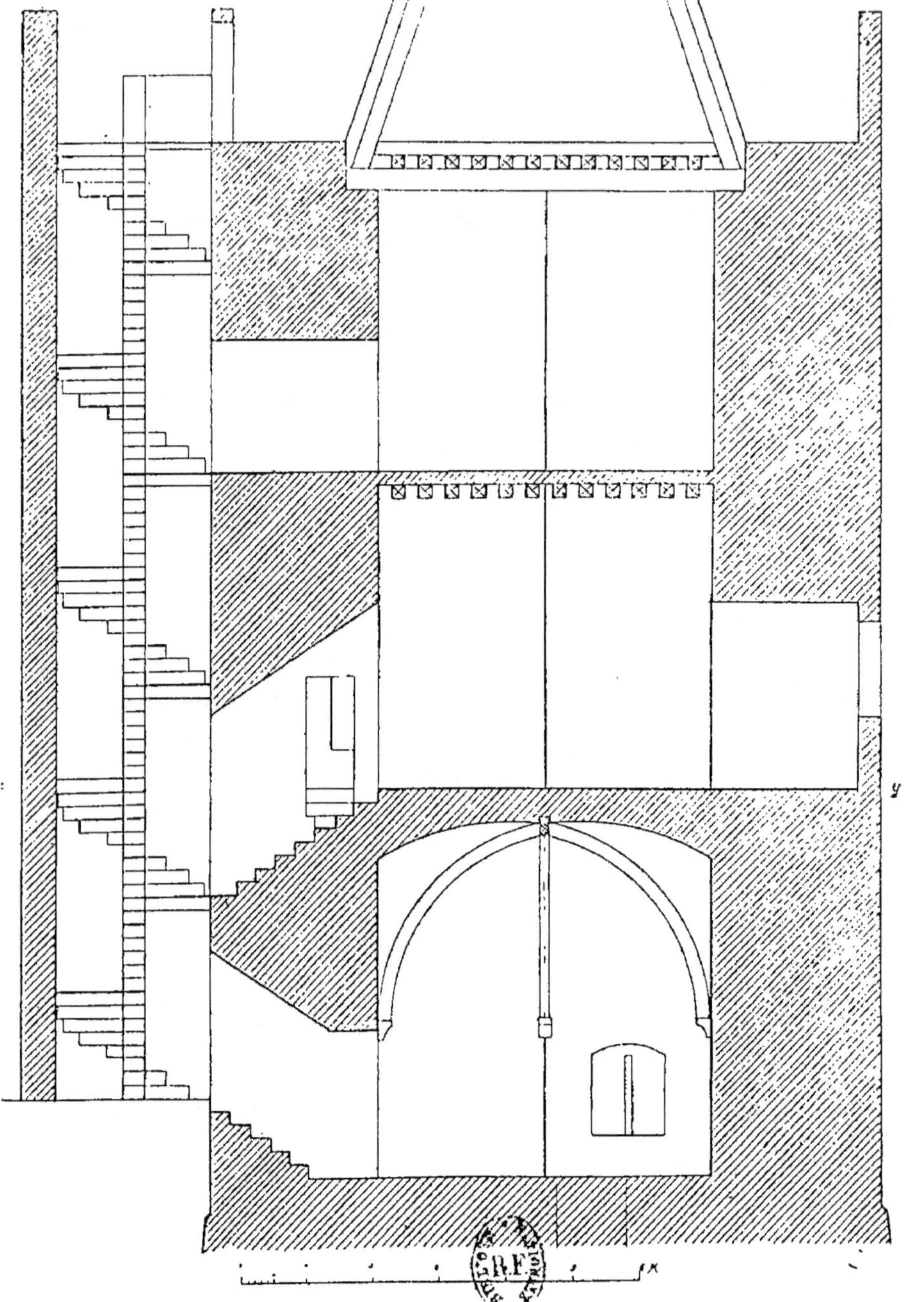

Fig. 9. — Coupe de la Tour de la Pucelle. Reconstitution.

d'entrée serait placée plus à gauche; mais ce sont là des détails d'importance secondaire.

A tout prendre, la différence n'est pas grande et les résultats obtenus se montrent presque identiques: en réalité, c'est sur le raccordement de huit marches, prouvé par les textes, que tout repose. On peut donc dire que, dans les grandes lignes, on arrive à un résultat très simple, acquis quelle que soit la situation exacte de l'escalier. Cette dernière question est donc relativement secondaire; il était néanmoins nécessaire de la traiter. Elle nous a conduit d'ailleurs à conclure que la deuxième solution se montrait très inférieure sous tous les rapports et que la première apparaissait comme devant s'imposer. La suite confirmera cette conclusion : elle fera ressortir que l'orientation des faces, imposée par l'escalier intérieur, ne peut se concilier avec la situation de l'archère encore existante.

V. — LA PRISON

33. — Nous voici enfin devant la porte. Notre route est déblayée. Nous avons circonscrit la prison et nous en connaissons l'emplacement, la hauteur et l'accès. Le travail a été ardu, mais il a eu pour résultat de fournir une base solide pour la reconstitution intérieure. Nous touchons à présent au but final de notre étude : la restitution du lieu même où Jeanne d'Arc a subi sa détention (Fig. 9 et 10).

Dans nos nouvelles investigations, nous reviendrons aux témoignages et aux documents historiques, auxquels nous ferons largement appel. Mais si nous demandons, nous donnerons aussi, et l'appui de l'archéologie nous permettra de contrôler des dépositions.

Que voyons-nous au premier étage? Une salle hexagonale dont le mur est formé de six pans égaux. Telle est la disposition que Guilbert a constatée au rez-de-chaussée et qui s'étendait naturellement à tout l'intérieur de la tour. Cette forme, nous la connaissions déjà : elle existait à la Tour du Colombier (1) et n'était pas rare au Moyen Age dans les tours d'un diamètre faible ou moyen : elle permettait d'éviter les inconvénients de la forte courbure résultant d'un petit rayon et offrait l'avantage d'une plus grande simplicité de main-d'œuvre de construction. L'orientation et la position des faces s'obtiennent en observant que la porte ne pouvait pas se trouver dans un angle, mais devait être percée dans une face. L'emplacement de cette porte nous est donné par l'escalier (2).

Cette question de l'orientation des faces, de même que celle de l'emplacement des fenêtres, qui se présentera plus tard, mérite d'être approfondie : elle fait ressortir, en effet, l'accord existant entre les résultats déjà obtenus, d'une part, et les constatations matérielles et les documents, d'autre part. Les ouvertures des salles de la tour devaient être en principe orientées perpendiculairement aux murs intérieurs. Or, si l'on place le passage accédant à la salle du premier étage conformément à cette règle et de manière qu'il aboutisse au milieu de la première face, on constate que l'axe uv de l'archère existant encore au rez-de-chaussée tombe exactement au milieu de la troisième face à gauche, et perpendiculairement à elle. L'orientation des faces est ainsi mathématiquement déter-

(1) Arch. mun. de Rouen, Reg. A. 6, f° 21 v°.
(2) La disposition prismatique donne quelques centimètres de plus à l'épaisseur du mur au milieu des faces.

minée, en même temps que la situation de l'escalier, sa position extérieure et l'emplacement **exact de la** courtine Sud se trouvent vérifiés d'une manière frappante. Il n'en est plus de même si l'on envisage la solution de l'escalier intérieur (Fig. 8) : pour permettre de loger la cage de cet escalier dans l'épaisseur du mur, il faudrait donner aux faces une position qui ferait aboutir l'axe de l'archère près d'un angle : il y a donc désaccord entre cette solution et les conditions nécessitées par la place de l'archère. Le même cas se présenterait si l'on plaçait l'escalier extérieur dans l'angle Nord-Est au lieu de l'angle Sud. L'entrée de la salle du premier étage se trouverait reportée vers le Nord d'une petite quantité, sensiblement égale à la largeur du passage : elle resterait donc située à peu près à la même place; mais, en raison de la nouvelle direction du passage, l'orientation des faces devrait être changée. Dans ces conditions, l'axe $u\,v$ de l'archère tomberait dans le voisinage d'un angle; de plus, les emplacements respectifs de la fenêtre et des deux archères donneraient lieu à des complications de construction qu'on doit juger inadmissibles puisqu'elles pouvaient être évitées.

34. — Passons aux fenêtres. La salle était nécessairement éclairée. Comment? Isambart de la Pierre dit avoir vu la Pucelle dans une chambre assez obscure — *in quadam camera satis tenebrosa* (1), — ce qui implique non que les jours n'existaient pas, mais qu'il y en avait peu. Nous possédons un autre témoignage qu'il est nécessaire d'examiner de près; c'est celui de Jean de Mailly, évêque de Noyon. Interrogé sur ce

(1) Quicherat, *op. cit.*, t. II, p. 302.

qu'il savait des circonstances dans lesquelles Jeanne avait repris des habits d'homme, « il déposa avoir entendu dire, sans pouvoir se rappeler par qui, que des vêtements d'homme lui avaient été portés par une fenêtre et qu'il ne savait rien de plus (1) ». Que penser de cette déposition? C'est ici qu'intervient l'archéologie. Pour que la fenêtre eût permis d'introduire des vêtements à l'intérieur de la prison, il eût fallu qu'elle prît jour sur la cour. Or, cette disposition était matériellement impossible en raison de la situation de l'escalier et de l'orientation des faces. Ainsi, l'invraisemblance de la déclaration est flagrante; l'évêque de Noyon, dont la déposition présente d'ailleurs un caractère louche et hésitant, a visiblement dit n'importe quoi, en citant, dans les termes les plus vagues, un fait qu'il ne connaissait pas ou qu'il a cherché à dénaturer.

A côté de ce témoignage citons celui de Massieu: en retraçant la scène émouvante de la reprise des habits d'homme par Jeanne, il nous fournira pour plus tard d'utiles renseignements. « Et ce jour après disner, en la présence du Conseil de l'église, déposa l'habit d'homme et print habit de femme, ainsi que ordonné lui estoit et lors estoit jeudy ou vendredy après la Pentecouste, et *fut mis l'habit d'homme en ung sac, en la même chambre où elle estoit détenue*

(1) *Deponuit quod audivit dici ab aliquibus de quibus non recordatur, quod vestes viriles sibi fuerunt traditæ per fenestram seu trilliam. Nec aliud scit.* (Quicherat, op. cit., t. III, p. 55). — Trillie a le sens de grillage : Une croisée de cassiz dont le bas est trillé; — une trillie toute taillée et revestue de pilliers; — trois trillies scellées en plastre pour led. hostel. (Arch. mun. de Rouen, Reg. XX. 2, 5 fév. 1459, 1460 n. st.). — Ung trilles de fer en une fenestre de la grande chappelle du Roy. (*Compte de la Vicomté de Rouen de l'année 1432*, p. 331).

prisonnière... Et quant vint le dimanche matin ensuivant, qu'il estoit jour de la Trinité, qu'elle *se deust lever*, comme elle rapporta et dist à celluy qui parle, demanda à iceulx Anglois, ses gardes : « *Defferrez-moi, si me lèverai.* » Et lors ung d'iceulx Anglois lui osta ses habillemens de femme, que avoit sus elle (1), et vuidèrent le sac ouquel était l'habit d'homme, et ledit habit jettèrent sur elle en luy disant : « *Liève-toi* », et mucèrent l'habit de femme oudit sac. Et ad ce qu'elle disoit, elle se vestit de l'habit d'homme qu'ilz lui avoient baillé (2), en disant : « Messieurs, vous savez qu'il m'est deffendu : sans faute, je ne le prendray point. » Et néantmoins ne lui en voulurent bailler d'autre, en tant qu'en cest débat demoura jusques à l'heure de midy; et *finablement pour nécessité de corps, fut contraincte de yssir dehors et prendre ledict habit; et après qu'elle fust retournée, ne lui en voulurent point bailler d'autre, nonobstant quelque supplication ou requeste qu'elle en feist* » (3).

On a contesté l'exactitude de cette déclaration, qui ne concorde pas avec celle de Martin Ladvenu, le confesseur de Jeanne d'Arc (4). Mais même si le récit fausse la vérité en ce qui concerne les faits principaux, il n'en suppose pas moins un certain nombre

(1) Sur le lit.

(2) Il résulte du récit qu'elle ne le revêtit en réalité que plus tard en se levant.

(3) Quicherat, *op. cit.*, t. II, p. 18.

(4) Jeanne dit à Ladvenu qu' « on l'avoit violemment tourmentée, molestée, battue et deschoulée, et qu'un millourt d'Angleterre l'avoit forcée (ce ne fut qu'une tentative), et disoit publiquement que cela estoit la cause pourquoy elle avoit reprins habit d'homme ». (Quicherat, *op. cit.*, t. II, p. 8). Voir à ce sujet : de Beaurepaire, *Recherches sur le Procès de condamnation de Jeanne d Arc*. Rouen, Le Brument, 1869, p. 114-115.

de faits de détail nécessairement exacts parce qu'ils étaient connus de différentes personnes et qu'il eût été imprudent de les altérer : c'est en particulier le cas pour l'existence des fers, du lit et des latrines, d'ailleurs confirmée par d'autres dépositions et sur laquelle nous reviendrons par la suite. Au point de vue de la question de fenêtre, il paraît certain que les habits d'homme sont restés dans la chambre et qu'ils n'ont pas été introduits de l'extérieur (1). Ce fait est d'accord avec les déductions archéologiques et contraire aux dires de l'évêque de Noyon; cela suffit, sans qu'il soit même nécessaire de tenir compte du reste de la déposition (2).

En réalité, la fenêtre existait, mais du côté de l'extérieur, pour la bonne raison qu'elle ne pouvait se trouver ailleurs. Reportons-nous au *Livre des Fontaines* (Fig. 2). La place de l'archère de droite, au rez-de-chaussée, correspond tout à fait à celle de l'archère encore existante; celle de gauche apparaît comme symétrique et correspond à la cinquième face. Dans la lithographie de Jolimont (Fig. 3) la concordance avec le document précédent est évidente : ces deux ouvertures sont bien figurées à la même place. Dès lors, la fenêtre du premier étage qu'indique le *Livre des Fontaines* et à laquelle correspond la brèche du dessin de Jolimont, peut être rétablie avec précision : occupant sur ces deux documents une position intermédiaire entre celles des deux archères, elle ne saurait

(1) Cette partie de la déposition échappe à la critique : il s'agit ici d'un fait constaté par Massieu et non des événements qu'il dit lui avoir été rapportés par la Pucelle.

(2) Hellis a invoqué le témoignage de l'évêque de Noyon en lui accordant une entière confiance, ce qui montre combien cet auteur avait peu le sens critique.

être située que dans la quatrième face; elle se trouvait ainsi en face de la porte.

La miniature du *Livre des Fontaines* la montre nettement sous la forme de deux baies étroites accolées. On a voulu voir là une archère double; mais ce type d'archère est extrêmement rare. D'autre part, on trouve sur la miniature de nombreuses ouvertures semblables appartenant à des monuments civils ou à des maisons; ce sont donc simplement des fenêtres. Ainsi, le premier étage de la Tour de la Pucelle était éclairé par deux baies hautes et étroites, séparées par un meneau qui devait être épais, si l'on s'en rapporte au *Livre des Fontaines*. Ces baies pouvaient d'ailleurs, en cas de nécessité, servir d'archères et compléter la défense, bien que ce ne fût pas proprement leur rôle. Le *Livre des Fontaines* ne montre pas d'autre ouverture à cet étage. A vrai dire, une petite partie de la tour, du côté Sud, doit se trouver cachée aux vues; mais l'existence d'une fenêtre unique dans la prison est confirmée par la déposition d'Isambart de la Pierre, qui qualifie la salle d' « assez obscure ».

35. — Les scènes de la prison sont intéressantes et suggestives au point de vue de l'état des lieux. Nous en avons un exemple dans la scène de l'espionnage, si pittoresquement racontée par Manchon. « Et premièrement, dit qu'un nommé Nicole Loyseleur, qui estoit familier de Monseigneur de Beauvais, et tenant le parti extrêmement des Anglois (car autrefois le Roy estant devant Chartres, alla quérir le roy d'Angleterre pour faire lever le siège), feignyt qu'il estoit du pays de ladicte Pucelle, et par ce moien trouva manière d'avoir actes, parlement et familiarité avec

elle, en lui disant des nouvelles du pays à lui plaisantes; et demanda estre son confesseur; et ce qu'elle lui disoit en secret, il trouvoit manière de le faire venir à l'ouye des notaires. Et de fait, au commencement du procez, ledit notaire et ledit Bois-Guillaume, avec tesmoings, furent *mis secrettement en une chambre prouchaine, où estoit ung trou par lequel on pouvoit escouter*, affin qu'ilz peussent rapporter ce qu'elle disoit ou confessoit audit Loyseleur. Et lui semble que ce que ladicte Pucelle disoit ou rapportoit familièrement audit Loyseleur, il rapportoit aux ditz notaires; et de ce estoit faict mémoire pour faire interrogacions au procez, pour trouver moien de la prendre captieusement » (1). Une autre déposition de Manchon est plus explicite au sujet du trou percé dans le mur; il avait été fait exprès : « *quoddam foramen specialiter factum ad hujusmodi causam* ». Les espions ne pouvaient être vus de Jeanne : « *et ibidem erant ipse loquens et comes, qui non poterant videri ab eadem Johanna* » (2).

Bouquet a supposé que la salle du premier étage avait été divisée en deux par une cloison : l'une des pièces ainsi créées aurait constitué la prison et les espions de Jeanne d'Arc se seraient tenus dans l'autre (3). Cette hypothèse est insoutenable : ou ces deux pièces auraient été égales et la prison, réduite à huit mètres carrés environ, eût été insuffisante pour contenir les juges lorsqu'ils y siégeaient; ou la deuxième pièce, en forme de triangle aplati, n'aurait

---

(1) Quicherat, *op. cit.*, t. II, p. 10 et 11.

(2) *Ibid.*, t. III, p. 141. — Voir aussi : de Beaurepaire, *Recherches sur le Procès de condamnation de Jeanne d'Arc*, p. 107-109.

(3) Bouquet, *Jeanne d'Arc au château de Rouen*, p. 23.

pu servir à rien. D'ailleurs, aucun texte n'appuie cette
manière de voir. Bien plus, en raison de l'incarcéra-
tion immédiate de Jeanne lors de son arrivée à Rouen,
on ne voit pas quand la cloison aurait pu être établie.
La construction, mentionnée par Bouquet, d'un refend
dans une salle du donjon, où fut enfermé Xaintrailles,
ne prouve pas davantage qu'une semblable mesure ait
été prise dans la Tour de la Pucelle, beaucoup moins
spacieuse.

La thèse de Deville n'est pas meilleure. Selon cet
auteur, les espions se seraient placés dans une
chambre située à côté de la tour, dont on aurait percé
le mur de part en part pour pratiquer le trou dont
parle Manchon (1). Mais peut-on admettre qu'un travail aussi important ait été effectué sans éveiller l'attention de la prisonnière et de manière à permettre
de distinguer les paroles d'une conversation? Evidem-
ment non.

La solution paraît devoir être cherchée dans la
pratique, constante au Moyen Age, de créer, dans
l'épaisseur des murs des tours, des réduits servant
soit de dépôts de matériel, soit de chambres de tir en
les munissant d'archères. Les réduits ainsi disposés
prenaient accès soit sur les salles intérieures, soit sur
les passages ou les escaliers. Cet usage était tellement
courant qu'il est à peine besoin de le signaler; le
donjon du château de Rouen nous en offre plusieurs
exemples. Dans les tours à murs peu épais, il était
naturellement plus restreint, mais cependant encore
pratiqué lorsque la faible épaisseur du mur ne le
rendait pas impossible.

Il est bien évident que dans le cas présent l'entrée

(1) Deville, *op. cit.*, p. 260 et 261.

du réduit n'était pas placée du côté de la salle; les espions n'auraient pu être « *mis secrettement* » dans cette pièce s'il leur avait fallu passer par la prison. On y pénétrait donc nécessairement par le passage aux huit marches. Le réduit se trouvait-il au Nord ou au Sud de ce passage? Plus probablement au Sud. En effet, on a remarqué que la salle n'avait d'autre ouverture qu'une fenêtre : elle n'était donc pas en principe destinée à la défense. Toutefois, il pouvait être utile de disposer à cet étage d'un organe permettant de concourir à l'action militaire, au moins en flanquant l'une des courtines; on obtenait ce résultat en munissant le réduit d'une archère. Dès lors, c'est du côté Sud que le réduit était le mieux placé si on ne voulait pas lui donner une longueur de nature à affaiblir la tour.

Le dessin de Jolimont (Fig. 3) offre une particularité qui concorde singulièrement avec cette solution. On y remarque en effet sur le côté droit de la tour, au premier étage, les vestiges d'une ouverture étroite qui peut avoir été une archère ou une petite fenêtre. Or, il est facile de constater que cette ouverture est indiquée précisément du côté où devait se trouver celle du réduit. Il y a certainement là plus qu'une coïncidence. On s'explique d'ailleurs, ainsi qu'il a été dit plus haut (N° 3, 9°), que l'ouverture en question ne figure pas sur le *Livre des Fontaines* : placée dans le rentrant formé par la tour et la courtine, elle était masquée à la vue; au demeurant, elle devait être jugée peu importante par le dessinateur qui avait sous les yeux la tour intacte.

Une cloison d'un pied en *parpaings*, c'est-à-dire en pierres ayant la même épaisseur que le mur, suffisait du côté de la salle. Vers l'extérieur, le mur devait être plus épais. En définitive, on pouvait obtenir un espace de 1 m. 50 de large sur une longueur d'environ 2 mètres ou un peu plus; cet espace permettait de poster là plusieurs hommes. Il était aisé, d'autre part, de percer vers la salle un trou dans le mortier entre deux parpaings, à l'emplacement d'un joint, chose d'autant plus facile, que les joints du XIIIe siècle étaient généralement épais.

36. — Connaissant toutes les dispositions de la porte et de ses abords, nous pouvons examiner comment la surveillance était exercée. On sait que Massieu était mieux placé que personne pour fournir sur la prison des renseignements exacts. C'est donc à lui qu'il convient de recourir tout d'abord. D'autres dépositions compléteront ensuite utilement ses indications.

Le réduit était très commode pour le service de garde pendant la nuit. Massieu nous apprend comment ce service était assuré : « Et demoura en garde audit lieu entre les mains de cinq Anglois, dont en demouroit de nuyt trois en la chambre, et deux dehors, à l'uys de la dicte chambre. » (1). Ainsi, pendant la nuit, trois Anglais restaient dans la chambre et deux gardaient la porte au dehors. Mais ils ne veillaient pas continuellement : ils se seraient fatalement endormis. L'un d'eux restait en faction à la porte pendant que l'autre se reposait; ce dernier pouvait ainsi dormir dans le réduit, à proximité de son camarade et prêt à intervenir en cas de besoin.

D'une manière générale, la surveillance était extrê-

(1) Quicherat, *op. cit.*, t. II, p. 18.

mement étroite. On avait choisi comme gardiens des gens sans scrupules, qui haïssaient leur prisonnière, excellente garantie qu'ils ne la laisseraient pas s'échapper. « Elle avait, dit Massieu dans une autre déposition, cinq Anglais de très misérable condition, de ces gens qu'on nomme en français houcepaillers, qui la gardaient et désiraient beaucoup sa mort; ils la raillaient souvent et elle les en réprimandait (1) ». Manchon confirme qu'elle était surveillée par quatre ou cinq gardiens (2) et Daron parle de ses gardes anglais (3).

Les Anglais avaient d'ailleurs déployé un luxe de précautions vraiment extraordinaire. Même de jour, la porte était sévèrement gardée et personne ne pouvait entrer sans la permission du geôlier. Le témoignage de Taquel complète à ce sujet celui de Massieu : « Un Anglais avait la garde de la porte de la chambre et de la prison et *personne, même les juges,* ne pouvait parvenir, sans sa permission jusqu'à Jeanne (4). De même, Cusquel déclare « être entré deux fois dans la prison de Jeanne avec la permission de ses gardiens (5) ». Bouchier confirme cet isolement de la

---

(1) *Et habebat quinque Anglicos miserrimi status, gallice houce-paillers, qui eam custodiebant, et multum desiderabant ipsius Johannæ mortem, et de eadem sæpissime deridebant; et ipsa eosdem de talibus reprehendebat.* (Quicherat, *op. cit.,* t. II, p. 154).

(2) *Et erant ibidem quatuor custodes seu quinque miseri homines.* (*Ibid.,* t. III, p. 140).

(3) *Habebat plures custodes Anglicos.* (*Ibid.,* t. III, p. 200).

(4) *Erat unus Anglicus qui habebat custodiam ostii cameræ et carceris, sine cujus licentia nemo poterat, nec etiam judices poterant, ad eam accedere.* (*Ibid.,* t. II, p. 318).

(5) *De permissione custodum bis carcerem ipsius Johannæ intravit.* (*Ibid.,* t. II, p. 306).

Pucelle, qu'il montre toujours accompagnée de gardes lorsqu'elle était hors de la prison : « Personne ne pouvait lui parler sans l'autorisation de quelques Anglais qui la gardaient. Et il ne la vit jamais sortir de prison sans être accompagnée de plusieurs Anglais. » (1).

Les mesures de sûreté étaient poussées encore plus loin : il y avait trois clefs de la prison et elles étaient entre les mains, l'une, du cardinal de Winchester, la deuxième, de l'inquisiteur et la troisième, du promoteur du procès. « Les Anglais, ajoute Bouchier qui donne ces détails, craignaient beaucoup qu'elle ne s'évadât. » (2).

Ce formidable appareil avait pour objet la garde d'une jeune fille de dix-neuf ans !

37. — Revenons à la scène des habits d'homme. Nous y voyons que Jeanne « *pour nécessité de corps fut contraincte de yssir dehors* et prendre ledict habit; et *après qu'elle fust retournée*, ne lui en voulurent point bailler d'autre ». Il existait donc des latrines à l'étage de la prison. A la vérité, ce témoignage n'était pas nécessaire et la chose était évidente en soi. Où étaient-elles situées? Au Moyen Age, les latrines des tours étaient généralement placées dans le rentrant formé par le point de jonction avec une courtine, en encorbellement, c'est-à-dire en surplomb, au-dessus du

(1) *Nec cum ea aliquis loquebatur, nisi, de licentia aliquorum Anglicorum, et qui habebant custodiam ejusdem. Et non vidit ipsam exeuntem de carcere, quin essent cum ea aliqui Anglici. (Ibid., t. II, p. 322).*

(2) *... Camera, in qua erant tres claves, quarum unam custodiebat dominus Cardinalis aut præfatus baccalorius, Inquisitor aliam, et dominus Johannes Benedicite, promotor aliam; et summe timebant Anglici ipsi ne ipsa evaderet. (Ibid., t. II, p. 322 et 323).*

fossé (1). Celles de la Tour de la Pucelle, au premier étage, devaient donc se trouver dans l'angle formé par la courtine Nord, seule solution possible, puisque le réduit occupait l'angle formé par l'autre courtine. Y accédait-on par le passage aux huit marches? Certainement non, pour deux raisons. En premier lieu, une pareille disposition eût occasionné une complication dans le raccordement avec les marches du passage vis-à-vis du réduit et eût accru sans nécessité l'évidement du mur déjà peu épais. Mais surtout, il est invraisemblable qu'une prisonnière gardée et surveillée aussi étroitement que l'était Jeanne d'Arc ait été enfermée dans une salle d'où il fallait sortir pour se rendre aux latrines. Même en supposant que l'issue du passage sur l'escalier ait été munie d'une porte et le passage même toujours gardé, cette solution est inadmissible. L'entrée des latrines s'ouvrait donc certainement dans la face voisine de celle de la porte du côté Nord.

Existait-il une cheminée dans la prison? Nous n'en savons rien. Bien que les salles des tours en aient été fréquemment pourvues, nous ne possédons pas de données susceptibles de nous renseigner à ce sujet.

38. — Telles sont les différentes particularités de la prison qu'il est possible de déterminer avec des chances de vérité. Maintenant que nous connaissons au moins dans ses grandes lignes le cadre des événements qui ont eu la prison pour théâtre, occupons-nous de Jeanne d'Arc elle-même.

(1) Viollet-le-Duc, *Dictionnaire raisonné de l'Architecture française*, t. VI, p. 164. — Cette disposition permettait de ne pas faire de fosses dans les tours peu épaisses. Dans les fortes tours, au contraire, les latrines étaient pratiquées dans l'épaisseur du mur et comportaient des fosses.

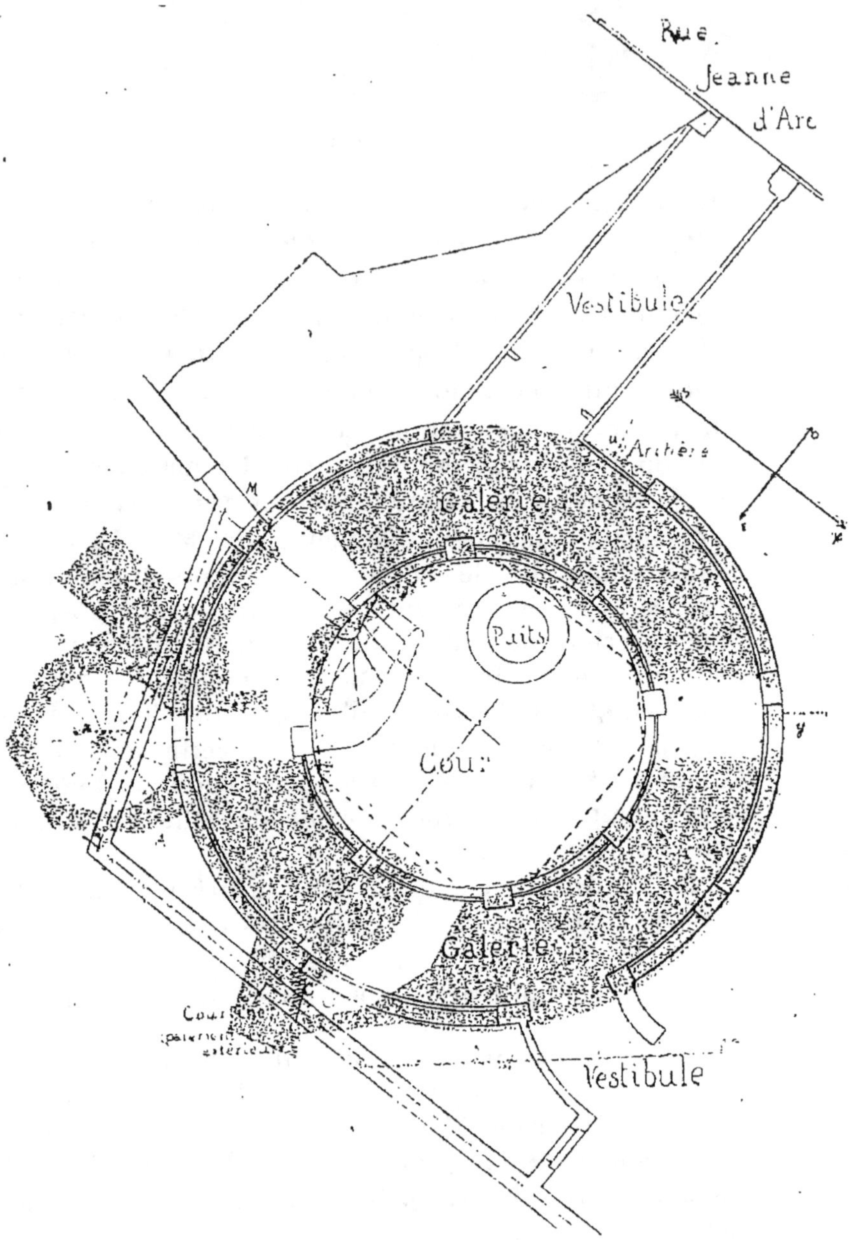

Fig. 110 bis. — État actuel. Plan de la cour et faces du plan des étages.

fossé (1). Celles de la cour de la Pucelle, au premier
étage, devaient être [...] dans l'angle formé
par la courtine. Notre seule solution possible, puisque
le réduit occupait l'angle fermé par l'autre courtine.
[...] arrivait-on par l'escalier aux huit marches ? On
[...] non, pour deux raisons. En premier lieu,
[...] pareille disposition eût occasionné une complication dans le raccordement avec les marches du passage vis-à-vis du réduit et eût accru sans nécessité
l'épaisseur du mur déjà peu épais. Mais surtout, [...]
est invraisemblable qu'une prisonnière gardée et surveillée aussi étroitement que l'était Jeanne d'Arc ait
été enfermée dans une salle d'où il fallait sortir pour
se rendre aux latrines. Même en supposant que l'issue
du passage sur l'escalier ait été munie d'une porte et
le passage même toujours gardé, cette solution est
inadmissible. L'entrée des latrines s'ouvrait donc certainement dans la face voisine de celle de la porte
[...] du Nord.

Y avait-il une cheminée dans la prison ? Nous n'en
[...] rien. Bien que les salles des tours en aient été
[...] pourvues, nous ne possédons pas [...]
[...] susceptibles de nous renseigner à ce sujet.

[...] Telles sont les différentes particularités [...]
qu'il est possible de déterminer avec [...]
certitude. Maintenant que nous connaissons [...]
[...] dans ses grandes lignes le réduit des [...]
[...] qui a servi de prison pour théâtre, occupons-
[...] de Jeanne d'Arc elle-même

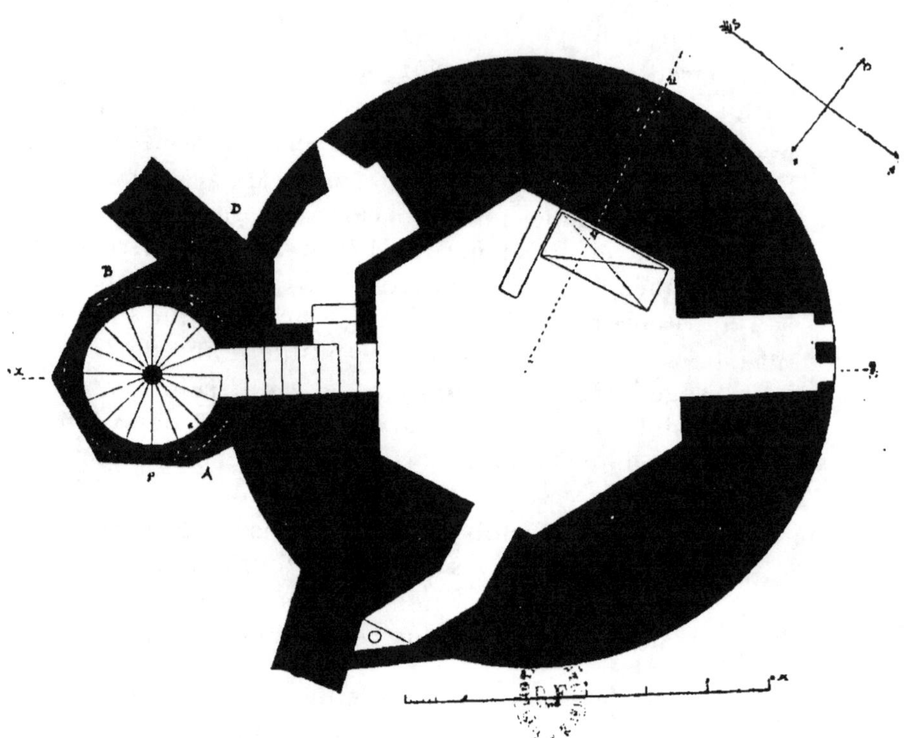

Fig. 10. — Plan de la prison (premier étage). Reconstitution.

A-t-elle été enfermée dans une cage de fer? Les deux seuls témoignages qui en fassent mention sont ceux de Massieu et de Cusquel; encore ne sont-ils pas formels. Massieu « déclara avoir entendu dire par Etienne Castille, forgeron, qu'il avait fait pour elle une cage de fer, dans laquelle elle était détenue debout et attachée par le cou, les mains et les pieds; et qu'elle avait été dans cette situation depuis le moment où elle avait été amenée à Rouen jusqu'au commencement du procès intenté contre elle. Cependant, il ne la vit pas dans cet état parce que, lorsqu'il la conduisait et la ramenait, elle était toujours sans fers » (1). Massieu, qui n'a connu ces faits que par ouï-dire, n'est donc pas affirmatif. Cusquel, bourgeois de Rouen et serrurier, l'est encore moins. Une de ses dépositions porte que « dans sa maison fut pesée une cage de fer dans laquelle on disait qu'elle serait enfermée; mais il ne la vit pas dans cette cage » (2). Dans l'autre « il répéta que l'on fit une cage de fer pour la tenir debout et qu'il la vit peser dans sa maison; cependant, il n'y vit pas Jeanne enfermée » (3).

Il règne donc un certain doute sur ce point. Comme

(1) *Dicit etiam quod audivit a Stephano Castille, fabro, quod ipse construxerat pro eadem quamdam gabiam ferri, in qua detinebatur correcta, et ligata collo, manibus et pedibus: et quod fuerat in eodem statu a tempore quo adducta fuerat ad villam Rothomagensem, usque ad initium processus contra eam agitati. Eam tamen non vidit in eodem statu, quia, dum eam ducebat et reducebat, erat semper extra compedes.* (Quicherat, op. cit., t. III, p. 155).

(2) *Et in domo sua fuit ponderata quædam gabia ferrea in qua dicebatur fore eam recludi. Non tamen vidit eam inclusam in dicta gabia.* (Ibid., t. II, p. 306).

(3) *Et subdit quod fuit facta una gabia ferri ad detinendum eam erectam: quam ipse vidit ponderari in domo sua; non tamen vidit ipsam Johannam in ea inclusam.* (Ibid., t. II, p. 346).

l'a fait remarquer Bouquet, qui a bien étudié ce côté historique de la question, il est probable que l'assertion de Castille, citée par Massieu, est la vraie : Jeanne aura été enfermée dans la cage jusqu'au commencement du procès (1).

39. — Selon Manchon, il n'y avait pas de lit dans la prison (2). Cette assertion est faite pour surprendre, car Massieu, Tiphaine et Colles, dit Bois-Guillaume, assurent expressément qu'il s'en trouvait un (3). Jeanne elle-même, le 24 février, déclare « qu'elle remercia la voix qui s'adressait à elle, étant assise sur son lit » (4). Il ne saurait donc y avoir de doute; d'ailleurs, bien des détails confirment l'existence du lit. Si Manchon ne l'a pas vu, c'est parce qu'on l'avait momentanément retiré pour une raison qui nous échappe.

Cherchons où se trouvait ce lit (Fig. 10). Peut-on admettre qu'il ait été logé dans une baie de fenêtre, séparée de la salle par une cloison? C'est l'opinion de Bouquet, qui se base sur ce fait que, l'année suivante, Xaintrailles fut, selon lui, incarcéré dans une embrasure, au rez-de-chaussée du donjon; il en conclut, par analogie, qu'une semblable mesure a dû être prise à l'égard de la Pucelle. Comme il a été dit plus haut, Bouquet est un excellent historien; mais l'archéologie n'est pas sa partie. Dans la circonstance il confond

(1) Bouquet, *op. cit.*, p. 19.

(2) *Non tamen erat in eodem carcere aliquis lectus seu aliquod cubile.* (Quicherat, *op. cit.*, t. III, p. 140).

(3) Massieu : *Et erat ibidem lectus in qua cubabat (Ibid.*, t. III, p. 154). — Tiphaine : *Et erat ibidem cubile. (Ibid.*, t. III, p. 48). — Colles, dit Boisguillaume : *Ipsa Johanna... habebat tamen, ut dicit, lectum. (Ibid.*, t. III, p. 161).

(4) *Interrogata si ipsa regratiata est illi voci, et si flexit genua : respondit quod regratiata est ei, existens et sedens in lecto suo, et junxit manus. (Ibid.*, t. I, p. 62; Champion, *op. cit.*, p. 45).

plusieurs faits distincts. Reprenons ces faits et examinons ce que vaut son assertion. Le compte de 1432,
déjà cité, nous apprend bien que deux charpentiers
reçurent la somme de 8 livres pour avoir, entre autres
travaux, « faict en la grosse tour dudit chastel, en
l'estage de bas, endroit l'arche d'une canonnière, une
forte prison de charpenterie » (1). Remarquons d'abord
que l'expression « prison de charpenterie » n'a pas ici
la signification de cachot, mais celle de cloison; c'est
là le sens que lui donnent toujours, *dans ce cas*, les
textes de l'époque. Si l'on en doutait, il suffirait de se
reporter quelques lignes plus loin. Le compte de 1432,
comme tous ceux du Moyen Age, vise successivement
les divers corps de métier et l'on y retrouve le même
ouvrage dans chaque chapitre avec le travail effectué
par le corps de métier que ce chapitre concerne. Ici,
l'on voit à l'article de la plâtrerie : « plastré une
clouaison faicte endroit l'arche d'une canonnière, séant
au bas estage de ladite grosse tour » (2). Ainsi la prison
de charpenterie était bien une cloison. L'arche ou
baie qui formait la chambre de tir était close au
moyen d'un pan de bois garni de plâtre. La suite du
texte fait ressortir qu'il s'agit bien du même ouvrage
et permet de vérifier si sa destination était bien telle
que le propose Bouquet. A la serrurerie, on trouve :
« XVI gonds et XVI vertevelles mis en plusieurs huis-
series de chambres et canonnières dudit chastel...
quatre grands cros de fer pour lier certaine charpenterie naguères faicte en une canonnière basse d'icelle
tour (la grosse tour), deux grands couples de travers
d'un huis séant en ladite canonnière, une grande ser-

(1) Compte de la vicomté de Rouen de l'année 1432, p. 330.
(2) *Ibid.*, p. 331.

rure à boche pour ledit huis » (1). On le voit, rien ne manque à la cloison : charpente, plâtre, porte, ferrures et serrure de la porte. Or, l'article serrurerie porte également l'indication suivante, concernant cette fois Xaintrailles : « une grosse serrure à boche pour *une des chambres de la grosse tour* en laquelle tient prison Poton de Sentreilles » (2). On remarquera que cette serrure n'était pas la même que celle de la canonnière : pas plus alors qu'aujourd'hui on ne portait un même objet deux fois dans un même compte. Xaintrailles a donc été incarcéré dans une des salles du donjon et non dans la baie de la canonnière : les deux désignations sont bien précises et bien distinctes. La canonnière est trop nettement définie pour qu'il puisse y avoir confusion et la mention des deux serrures accuse la différence des deux locaux d'une manière indiscutable. Au demeurant, la cellule organisée au rez-de-chaussée peut avoir servi de magasin, mais il est douteux qu'elle ait été utilisée comme cachot : on n'aurait pas fermé une prison au moyen d'une cloison aussi peu solide qu'une claire-voie plâtrée. Or, si Xaintrailles n'a pas été mis dans une cellule de ce genre, une semblable mesure ne peut être invoquée à propos de Jeanne d'Arc.

Au reste, l'examen des conditions matérielles conduit à rejeter complètement cette hypothèse. L'utilisation d'une embrasure de fenêtre ou d'archère était assez facile dans une tour ayant, comme le donjon, des murs de 4 mètres. Il n'en était plus de même dans des tours de faible épaisseur. A la Tour de la Pucelle,

(1) *Ibid.*, p. 331.
(2) *Ibid.*, p. 332.

il y avait environ 2 m. 30 aux angles et 2 m. 55 au milieu des faces pleines de l'intérieur. En tenant compte du mur de fond au travers duquel était percée l'ouverture donnant sur l'extérieur, on disposait pour l'embrasure d'une longueur de 2 mètres ou de 2 m. 20 au plus, avec une largeur proportionnée. On ne conçoit pas comment auraient pu tenir dans cet étroit espace Jeanne, son lit et les quatre ou cinq gardiens qui étaient avec elle pendant le jour, ni même les trois qui restaient pendant la nuit. D'ailleurs, les témoignages sont fort clairs : c'est non dans un réduit, mais dans une chambre que se trouvait Jeanne, dans cette chambre qualifiée de *camera media*; et c'est là également que les témoins nous montrent le lit et les gardiens. Le lit était donc bien dans la chambre même.

A quelle place ? Au milieu de la pièce il eût été encombrant, notamment lors des interrogatoires. Il se trouvait donc sur l'une des faces. Pour la même raison, il n'était pas disposé perpendiculairement au mur, en lit debout, car le pied se serait trouvé presque au milieu de la salle; on doit se le représenter placé le long de la face. Une autre raison tend à confirmer la justesse de cette manière de voir; c'est l'existence d'une poutre sur le sol devant le pied du lit. Cette poutre, à laquelle était fixée la chaîne de la prisonnière, pouvait être ainsi aisément scellée dans le mur.

Nous avons enfin à examiner sur quelle face se trouvait le lit. Trois de ces faces sont à éliminer : celles de la fenêtre, de la porte et de l'entrée des latrines. Il y a peu de probabilité pour la face située devant le réduit. En effet, en vue de rendre l'espionnage plus facile, Loiseleur avait tout intérêt à s'entretenir avec la prisonnière aussi près que possible de cette face. Comme ces entretiens avaient lieu de jour, c'est-à-dire au moment où Jeanne était levée, le lit devait se trouver ailleurs. Restent donc les deux faces situées de part et d'autre de la fenêtre. Au premier abord, on hésite entre elles. Mais à la réflexion, on est amené à se prononcer en faveur de celle qui était située à gauche de la fenêtre, c'est-à-dire de la plus voisine de celle du réduit. En effet, si le lit avait été placé sur l'autre, il se serait trouvé séparé de la face du réduit par toute la largeur de la salle. Or, on verra plus loin que Jeanne était enchaînée de jour à la poutre scellée au pied du lit. Même avec une très longue chaîne, cette place aurait donc été la plus défavorable de toutes au point de vue de l'espionnage. En disposant le lit le long de la face située à gauche de la fenêtre, on pouvait, au contraire, amener Jeanne près du réduit sans l'éloigner de son point d'attache.

40. — Pendant la nuit, Jeanne était enchaînée sur son lit. Manchon déclare « qu'il a entendu dire que de nuit elle avait le corps lié par une chaîne de fer, bien qu'il ne l'ait pas vue liée ainsi » (1). La déposition de Massieu est la plus complète; elle donne à ce sujet des détails d'une singulière précision : « Et sçait de certain celluy qui parle, que de nuyt elle estoit couchée, ferrée par les jambes de deux paires de fers à chaaine, et attachée moult estroitement d'une chaaine traversante par les piedz de son lict, tenante à une grosse pièce de boys de longueur de cinq ou six pieds et fer-

---

(1) *Ut tunc audivit, dicebatur quod de nocte ligabatur quadam catena ferrea per corpus, licet cam taliter non viderit. (Ibid.,* t. III, p. 140).

mante à clef; par quoy ne pouvoit mouvoir de la place » (1).

Il existe à la cathédrale de Rouen, sur le contrefort Sud du portail Saint-Romain, du côté de la porte Saint-Etienne, une curieuse figuration qui mérite d'autant plus d'attirer l'attention que ce pied droit date des premières années du XVIe siècle. Plusieurs scènes y sont représentées en deux rangées superposées. L'une des scènes de la rangée supérieure montre un personnage qui paraît être un soldat, tenant à la main un instrument constitué par deux anneaux réunis au moyen d'une tige (Fig. 11, A). Cet instrument est visiblement conditionné de manière à servir d'entrave pour les jambes; d'ailleurs, le personnage qui le tient se baisse comme s'il voulait le mettre aux pieds d'un prisonnier. Egalement à la cathédrale de Rouen, le vitrail de Saint-Romain, du XVIe siècle, montre des fers réunis par une tige (Fig. 11, B). On possède au Musée d'Antiquités de Rouen un spécimen, datant du Moyen Age, de ce type d'entrave (Fig. 11, C). La tige est remplacée par une chaîne; les fers, assez grands pour enserrer des chevilles, sont formés chacun de deux branches jointes par une charnière et terminées par un anneau : lorsque les branches sont fermées, les deux anneaux se trouvent placés l'un contre l'autre et peuvent être assujettis dans cette position; l'appareil qui servait à les fixer n'existe plus. Une autre entrave à chaîne, que nous avons trouvée

-----

(1) *Ibid.*, t. II, p. 18. Autre déposition de Massieu : *Et erat ibidem lectus in qua cubabat; et erat ibidem quoddam grossum lignum in quo erat quædam catena ferrea, cum qua ipsa Johanna existens in compedibus ferreis ligabatur, et claudebatur cum serra apposita eidem ligno. (Ibid., t. III, p. 154).*

à Rouen et que l'on peut attribuer à la fin du Moyen Age (1), fournit un bon exemple du mode de fermeture usité (Fig. 11, D) : les anneaux terminant les branches sont assemblés par un écrou que les gardiens serraient ou desserraient au moyen d'une clef spéciale. Nous sommes renseignés par ces différents documents sur le mode d'emploi, la forme et la fermeture des entraves en usage au Moyen Age.

On peut dès lors se faire une idée assez nette du mode d'attache décrit par Massieu (Fig. 11, E) : deux fers encerclant les chevilles et reliés par une chaîne de manière à former une entrave. Une deuxième entrave semblable au-dessus ou au-dessous des genoux. Une grande chaîne, liée par l'une de ses extrémités à la chaîne des chevilles, passant entre les pieds du lit et fixée à une poutre au moyen d'une serrure ou d'un cadenas. La poutre même, longue de 1 m. 60 à 2 mètres, placée en travers devant les pieds du lit et scellée au mur par un bout. De cette manière, la captive était rivée à sa prison.

De jour, Jeanne était généralement enchaînée, ainsi qu'il résulte de plusieurs dépositions concordantes qui, de plus, se complètent les unes les autres. Manchon et Colles, dit Boisguillaume, témoignent l'avoir vue dans les fers (2). Tiphaine déclare : « Elle était en prison, dans une tour du château et il la vit les fers aux jambes » (3). Cusquel « entra deux fois

____

(1) En la possession de l'auteur.

(2) Manchon : *Comes de Warvic et ipse testis loquens intraverunt carcerem in quo erat ipsa Johanna et ibidem invenerunt eam in compedibus ferreis.* (Ibid., t. III, p. 140). — Colles : *Ipsa Johanna erat in forti carcere et in compedibus ferreis.* (Ibid., t. III, p. 161).

(3) *Ipsa Johanna erat in carceribus, in quadam turri castri, et eam ibidem vidit ferratam per tibias.* (Ibid., t. III, p. 48).

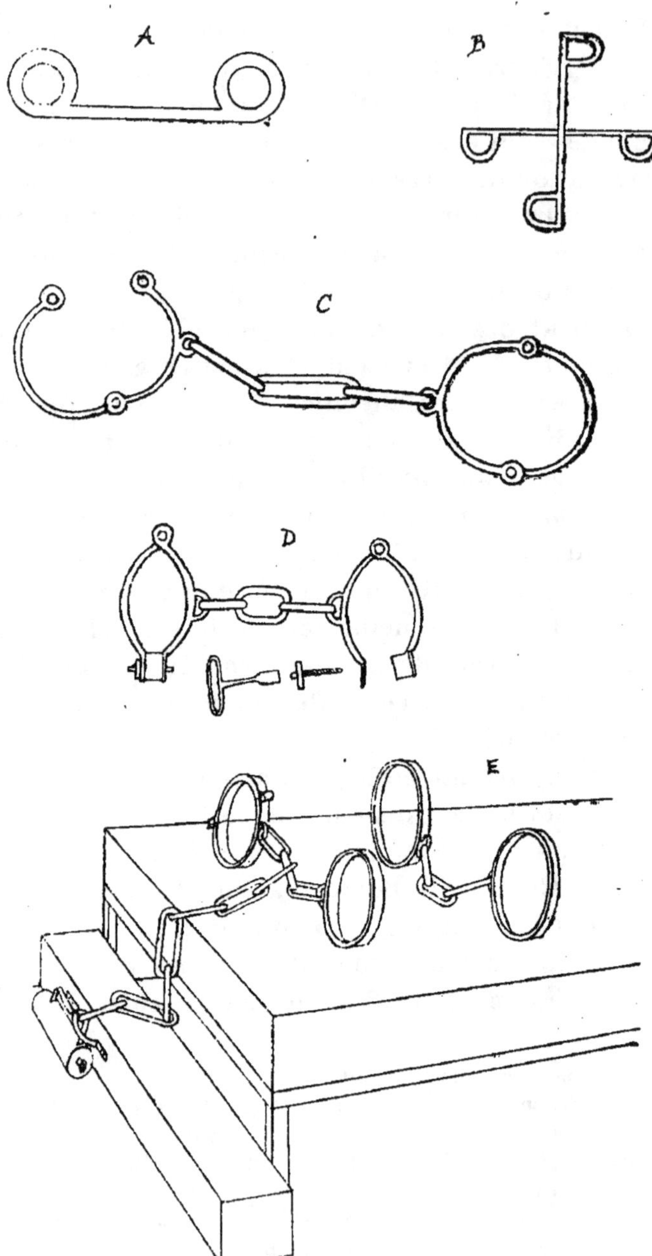

FIG. 11. Entraves du Moyen Age et attache de la Pucelle.

dans la prison de Jeanne, la vit dans des entraves de fer et attachée par une longue chaîne à une poutre » (1). Daron « la vit en prison, dans une tour, attachée par les pieds à une grosse pièce de bois » (2). Isambart de la Pierre l'aperçut « quelquefois les fers aux pieds » (3). Taquel « la vit quelquefois avec des fers, quelquefois non, sa maladie s'y opposant » (4). Ainsi, Jeanne levée gardait ses fers. L'entrave des chevilles et la chaîne la reliant à la poutre étaient conservées; mais on devait supprimer l'entrave des genoux. Toutefois, à certains moments, en particulier lors de sa maladie, ses fers furent ôtés. Il est à remarquer que si le lit avait été placé le long de la face située à droite de la fenêtre, il aurait fallu une chaîne très longue pour permettre à Jeanne de se rendre près de la face du réduit.

41. — L'évêque de Beauvais avait transféré le lieu des interrogatoires dans la prison pour limiter le nombre des juges et des assistants et diriger ainsi le procès plus librement (5). Si l'on calcule la surface de la chambre, on trouve 17 mètres carrés environ.

(1) *De permissu custodum bis carcerem ipsius Johannæ intravit, eamdemque in compedibus ferreis, et alligatam una longa catena affixa cuidam trabi vidit.* (Ibid., t. II, p. 306).

(2) *Invenit Petrum Manuel... et iverunt insimul eam visum ; quam invenerunt in castro, in quadam turri, ferratam in compedibus, cum quodam grosso ligno per pedes.* (Ibid., t. III, p. 200).

(3) *Vidit eam in carceribus castri Rothomagensis, in quadam camera satis tenebrosa, ferratam et compeditam aliquando.* (Ibid., t. II, p. 302).

(4) *Vidit camden Johannam in carceribus castri Rothomagensis, in quadam turri versus campos... et vidit eam aliquando in compedibus, et aliquando non obstante infirmitate sua.* (Ibid., t. II, p. 317 et 318).

(5) Deville, *La Tour de la Pucelle au château de Rouen*, p. 262.

Trop restreinte pour une nombreuse assistance, la place était largement suffisante pour les personnes qui, à plusieurs reprises, siégèrent dans la prison. Deville a relevé sur les procès-verbaux les noms des juges et acolytes présents à ces interrogatoires et établi que leur nombre avait été de dix au plus (1). En y ajoutant les trois notaires du procès et les gardiens de la Pucelle, on obtient un total de dix-huit personnes. Le long du mur, on pouvait placer sur quatre faces trois à quatre sièges par face, ce qui donne douze à seize sièges. Dès lors, la mise en scène se laisse reconstituer avec assez de vraisemblance (Fig. 10). Sur l'une des faces, probablement sur la face à gauche de la fenêtre, le lit. Devant l'embrasure de la fenêtre, seul endroit possible, la table du greffier. Tout autour de la salle, le long des murs, les **juges et acolytes**; en avant d'eux, les deux ou trois personnages les plus importants. Vers le centre, devant le lit, la Pucelle entre ses gardes (2).

VI. — LA SOLUTION DU PROBLEME

42. — Lorsqu'au xvᵉ siècle Daron, Manchon ou quelque autre de ceux qui visitaient Jeanne pénétrait dans la cour du château et se dirigeait vers l'angle Nord-Ouest, il voyait les courtines et les bâtiments se rapprocher en formant un angle aigu. A leur point de jonction, la *Tour vers les champs*, dressant sa svelte

(1) Deville, *op. cit.*, p. 263.

(2) Deville a tenté une reconstitution de ce genre (*op. cit.*, p. 263 et pl. III), mais sur des données purement hypothétiques. — On trouvera des renseignements intéressants sur la personne de Jeanne d'Arc dans Georges Dubosc, *Autour de la vie de Jeanne Darc*. Rouen, Defontaine, 1920.

silhouette coiffée d'un comble conique, dominait les remparts de la hauteur de son dernier étage. C'était un lieu redoutable et mystérieux, jalousement gardé et dont on ne pouvait approcher sans crainte. Les murs impénétrables de la tour s'enveloppaient de silence.

Une haute tourelle, accolée à la tour, occupait la majeure partie de l'angle formé par les deux courtines. Sur sa partie visible, des ouvertures étroites, semblables à des meurtrières, formaient des fentes superposées. Sur le côté droit apparaissait une porte assez basse.

Franchissant le seuil, le visiteur se trouvait de plain-pied dans une sorte de couloir obscur, où dans le demi jour venant de la porte il entrevoyait à gauche un noyau d'escalier et à droite une paroi circulaire, tandis que quelques marches se dessinaient dans la pénombre du fond. Puis, à droite, une porte s'ouvrait dans la muraille et le regard plongeait dans une descente voûtée dont les six marches, enveloppées d'ombre, se distinguaient à peine et au bout de laquelle la baie du rez-de-chaussée, vaguement éclairée, se découpait en plus clair sur le cadre noir de la voûte et des parois. Un peu au delà, le visiteur butait contre la première marche de l'escalier et montait dans une obscurité presque complète en tournant à gauche et en s'appuyant à droite à la paroi du mur. Mais bientôt, par une fente étroite, pénétrait un rayon de lumière qui jetait des touches claires sur le relief arrondi du noyau, dressé comme une mince colonne aux assises régulières, et sur les arêtes des marches tournant autour du noyau comme des lames d'éventail. Puis l'ombre s'épaississait peu à peu; mais avant qu'elle

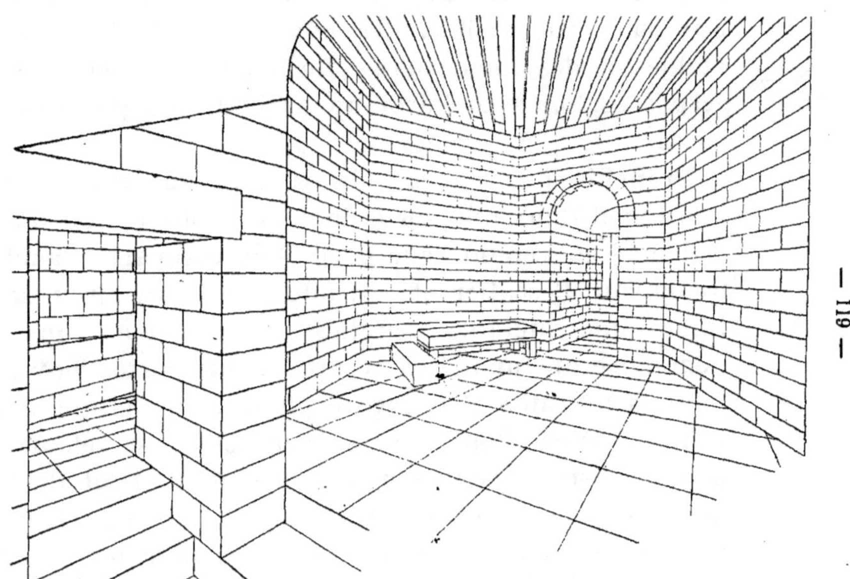

FIG. 12. — Vue perspective de l'intérieur de la prison.

ne fût devenue complète, une porte et un passage apparaissaient à droite, au même niveau que la quinzième marche. Cette fois, il fallait abandonner l'escalier, qui continuait de monter en tournant, et s'engager dans le passage, étroit et obscur, où l'on gravissait à tâtons huit marches à peine éclairées par une vague lueur venue du fond. Parvenu aux dernières marches, le visiteur apercevait brusquement à gauche un réduit percé dans l'épaisseur du mur : en forme de couloir coudé vers la droite, ce réduit recevait un jour diffus d'une archère latérale que l'on devinait à gauche vers l'extrémité.

En face des huit marches, on avait devant soi la porte de l'étage, porte sévèrement gardée et qu'il fallait se faire ouvrir (Fig. 12). Là, à 5 m. 78 au-dessus du sol du rez-de-chaussée, s'étendait l'aire dallée ou plâtrée de l'étage. Dès l'entrée, la fenêtre située en face formait un halo aveuglant, dérobant à la vue toutes les parties de la pièce. En avançant, on prenait peu à peu connaissance du milieu. Par les deux baies de la fenêtre, un jour blafard répandait une demi clarté dans le cône d'éclairement qui prolongeait l'embrasure sur le sol et la paroi opposée. Des deux côtés l'ombre s'étendait, vaguement éclaircie par la lumière diffuse. La salle apparaissait peu à peu avec ses proportions et sa forme : haute, avec ses 5 m. 40 d'élévation sous les fortes solives régulièrement espacées de son plafond, sévère et froide avec ses six faces égales, formées de murs nus, aux assises régulières de petit appareil. Dans la face située près de celle de la porte s'ouvrait l'entrée des latrines. A gauche de la fenêtre, une masse sombre se dessinait : c'était le lit, dressé le long de la muraille. Devant les pieds du lit, une grosse poutre, placée en travers, s'étendait vers le milieu de la pièce, l'autre extrémité scellée dans le mur. A cette poutre était attachée une chaîne traînant à terre et au bout de cette chaîne un prisonnier entravé par les pieds : ce prisonnier, c'était la Pucelle.

43. — Aujourd'hui, tout a disparu et il ne reste de la tour, théâtre d'événements si tragiques, qu'une souche enterrée à plus d'un mètre au-dessous du sol. Sur cet emplacement, que le Moyen Age avait marqué si fortement de son empreinte et enrichi de souvenirs historiques d'un intérêt si puissant, on voit des constructions neuves et une large rue où circulent des tramways, avec tout l'appareil de la vie moderne. C'est donc par le raisonnement et par la pensée qu'il nous faut reconstituer, à cinq siècles de distance, la tranche de l'espace où, derrière des murs de plus de deux mètres d'épaisseur, s'est déroulée la partie privée et intime, la plus poignante peut-être, du drame dont la Pucelle a été la victime.

Lorsqu'on s'arrête devant le numéro 102 de la rue Jeanne-d'Arc, on se trouve en présence d'une grande maison moderne (Fig. 9 *bis* et 10 *bis*). La porte franchie, on suit un couloir aboutissant à une galerie qui entoure une cour circulaire, semblable à un large puits qui serait élevé au-dessus du sol; cette cour correspond à très peu près au vide intérieur de la Tour de la Pucelle. Par un escalier de quelques marches, on descend jusqu'au sol de la cour, situé en contre-bas et assis sur la souche pleine de l'ancienne tour. Une galerie basse, ménagée sous la construction, permet de voir les talus de cette souche et de la courtine, dégagés sur leur plus grande partie. Au milieu de la cour, ou plus exactement entre le centre et la porte d'entrée, se trouve le puits, qui a été doté d'une margelle ancienne.

Sur cet état actuel des lieux, replaçons l'état ancien tel qu'il résulte de nos recherches (Fig. 9 et 9 *bis*, 10 et 10 *bis*). En comptant 5 m. 78 à partir du sol de la cour, nous obtenons l'aire de la prison; elle correspond à peu près à la partie supérieure des piliers du rez-de-chaussée. A 4 m. 40 au-dessus, vis-à-vis du haut des fenêtres du premier étage, nous avons le niveau du plafond sous les solives. La partie de la cour comprise entre ces deux plans et le mur donne l'emplacement de la salle. Au-dessus du petit escalier qui descend actuellement dans la cour se trouvait la porte; en face, était située la fenêtre. Voilà ce que nous donne la technique. A l'imagination de faire le reste.

44. — Assurément, tous les points de la solution ne sont pas connus avec le même degré de certitude. L'internement de Jeanne d'Arc dans la Tour de la Pucelle est aussi établi que peut l'être un fait historique. La localisation de la prison au premier étage, la hauteur de son aire au-dessus du rez-de-chaussée et la nécessité de l'escalier à vis pour la desservir, ainsi que la place de cet escalier dans l'angle formé par les deux courtines, se déduisent des données d'une manière presque mathématique, qui ne laisse qu'une part très faible au facteur appréciation. Il règne peut-être un peu plus d'incertitude sur l'emplacement exact de l'escalier; mais les solutions sont très voisines. Celle de la cage extérieure située dans l'angle de la courtine Sud et de la tour l'emporte d'ailleurs de beaucoup sur les autres; on peut même dire qu'elle s'impose. La

place de la porte et la hauteur de plafond de la prison
dérivent de la situation de l'escalier. L'existence du
réduit et des latrines présente un caractère évident de
nécessité; la détermination de leurs emplacements de
part et d'autre de la porte pourrait donner lieu à la
rigueur à deux solutions symétriques; mais, en réalité,
la solution indiquée apparaît comme étant la plus probable. Nous connaissons bien la fenêtre par le *Livre des
Fontaines;* mais la place exacte du lit, d'ailleurs
limitée comme possibilité à deux ou trois faces, reste
quelque peu problématique.

45. — Voilà tout ce que les données permettent
d'établir. Ces données, nous n'en sommes pas les
maîtres et il nous faut les prendre comme elles sont.
Nous croyons en avoir tiré tout ce qu'elles étaient
susceptibles de donner et il n'est pas en notre pouvoir
de dissiper les incertitudes restées irréductibles. Il
faut nous contenter des résultats obtenus, car la solution complète et absolue, nous ne l'aurons probablement jamais (1).

Au demeurant, ce n'est pas le côté le moins attachant
que cette ombre de mystère qui, aujourd'hui comme
au xvᵉ siècle, flotte sur le lieu où cette jeune fille
extraordinaire, mélange étonnant de naïveté et de
finesse, d'ignorance et d'habileté, de faiblesse féminine
et de force virile, fut en butte à la violence méthodique
et à la brutalité rageuse de ses juges et de ses
bourreaux.

(1) *Appendice* I.

APPENDICE

I. — LA VALEUR DE LA SOLUTION

On est nécessairement conduit à juger du degré de confiance que l'on peut accorder aux déductions présentées. Nous devons à ce sujet sur les principes généraux de notre méthode des éclaircissements de nature à en faire ressortir l'esprit et les conséquences. Il est, en effet, toujours utile de bien fixer les idées pour éviter les malentendus. Dans le cas présent, la question est dominée par un fait qu'il ne faut pas perdre de vue : la nature du problème comportait une solution nettement définie; or, pour y satisfaire, nous avons disposé de données d'une précision plus ou moins grande et parfois incomplètes. A de telles conditions convenait une méthode spéciale.

A. — La documentation ayant présenté des lacunes, il a fallu les combler; opération nécessaire et d'ailleurs légitime, à condition de prendre les précautions voulues (1). Pour cela, nous avons dû faire de véritables interpolations, ou, pour parler un langage moins technique, reconstituer les manques d'après les caractères d'époques assimilés à une loi générale de construction. Or, cette opération suppose pour les organes architecturaux à reconstituer des caractères normaux, car on ne peut rien préjuger des cas anormaux. Dans le cas présent, était-elle fondée ? Cela ne semble pas

(1) Méthode apparentée à celle du raisonnement constructif de la méthode historique. Voir Langlois et Seignobos, *Introduction aux sciences historiques.* Paris, Hachette, 1905, p. 218-226.

douteux. Bien que, d'une manière générale, l'éventualité d'un cas anormal ne puisse guère être complètement écartée, elle paraît se trouver, dans l'espèce, infiniment faible : tout ce que nous savons de la Tour de la Pucelle nous la montre comme conforme aux organes similaires de l'époque et justifie ainsi les restitutions basées sur l'analogie.

B. — Les caractères des solutions ont été établis par des déterminations numériques. La méthode suivie a consisté à partir de bases aussi solides que possible et à chercher constamment à fixer l'approximation que l'on pouvait réaliser ou le maximum d'incertitude susceptible d'être envisagé. Il a été ainsi possible, croyons-nous, de juger scientifiquement de la valeur des résultats acquis et des différences existant entre les diverses solutions.

C. — Passons à la question du dénombrement des solutions. On peut se demander pourquoi nous avons exposé tout l'appareil analytique qui nous a servi à obtenir la solution. Mais si nous nous étions borné à présenter cette dernière en la justifiant, nous aurions seulement montré qu'elle était possible et l'on aurait pu objecter que rien ne s'opposait à ce que d'autres le fussent aussi. Or, conformément à un principe que nous avons mentionné (N° 8), c'est après les avoir toutes mises en cause que l'étude analytique a conduit à n'en laisser subsister qu'une, au moins en ce qui concerne les caractères essentiels. C'est un point qu'il importe de faire ressortir, car il a pour conséquence de nous permettre de proposer non pas une solution, mais la solution.

D. — Il reste à examiner comment on a sélectionné les solutions. On remarquera que le choix de ces solutions a reposé sur des questions de fait et non de degré;

il a été qualitatif, et non quantitatif. En d'autres termes, pour juger si une solution était admissible ou non, on a posé et conduit le problème de manière à n'avoir qu'à constater simplement si les conditions à réaliser étaient remplies ou ne l'étaient pas, en supprimant les évaluations de degré, toujours sujettes à être influencées par le coefficient personnel. Dans les cas bien nets, c'est-à-dire dans la majorité des cas, la constatation a résulté, d'une manière évidente, d'une simple comparaison; le facteur appréciation s'est donc trouvé éliminé ou réduit au minimum, ce qui donne à la méthode son caractère logique. Dans les cas où il en est ainsi, la solution résultante est donc la conséquence rigoureuse et presque mathématique des données et elle vaut ce qu'elles valent. Assurément, il n'a pas toujours été possible de supprimer le facteur appréciation. Mais la méthode employée nous paraît avoir permis d'obtenir le maximum de chances de vérité que comporte l'utilisation des données.

E. — Après la méthode, envisageons les sources qui ont servi de point de départ pour la reconstitution. Elles sont de valeur inégale, mais certaines d'entre elles apparaissent comme des données très sûres. Tels sont les renseignements fournis par les vestiges encore existants. D'autre part, la sincérité et l'exactitude de plusieurs des documents mis en œuvre ont pu être vérifiées. Nous avons fait ressortir l'accord indéniable qui existait entre ces documents, accord parfois renforcé par les constatations matérielles : tel est le cas des archères, de la fenêtre, des faces. En dépit des lacunes, on possède donc sur bien des points importants une base sérieuse sur laquelle on peut s'appuyer.

F. — Considérons enfin les résultats. Les concordances qu'ils présentent constituent le meilleur contrôle de la valeur de la solution. Rappelons que l'élévation de l'aire du premier étage s'est trouvée d'accord avec les conditions résultant de la hauteur de la tour; le même accord a été observé entre l'existence et l'emplacement du réduit et la petite ouverture du dessin de Jolimont; l'emplacement de la courtine, la position extérieure et la place exacte de l'escalier, de même que l'orientation des faces, ont été confirmés par la situation des restes de l'archère du rez-de-chaussée.

On constate donc que fréquemment les éléments de la solution ont été vérifiés par des documents qui n'avaient pas servi à les établir ou par d'autres éléments obtenus indépendamment d'eux. Par contre, rien, dans la suite des opérations de reconstitution, n'est venu infirmer les résultats précédemment acquis. Il n'en est pas de même pour les solutions éliminées. En définitive, la solution proposée se présente et se présente seule sous la forme d'un ensemble cohérent d'éléments se confirmant réciproquement et en accord complet avec ce que nous savons de la question, c'est-à-dire avec les données connues et avec ce que nous pouvons en déduire.

Ainsi, dans l'état actuel de nos connaissances, la solution trouvée s'impose, au moins dans ses points essentiels; et elle conservera toute sa valeur tant que de nouveaux documents, nettement concluants, ne seront pas venus la contredire ou la modifier. C'est d'ailleurs là chose peu vraisemblable, car il paraît difficile que l'on puisse découvrir aujourd'hui des arguments plus décisifs que les dépositions du procès et que les résultats fournis par les fouilles.

II. — NOTE SUR LES FIGURES

Fig. 1. — Le plan du château de Rouen a été dressé au moyen de données fournies par M. Gogeard, ingénieur-voyer honoraire de la Ville de Rouen, qui a enregistré les résultats des fouilles ; ces données ont été complétées par les indications du *Château fortifié* et du *Livre des Fontaines*. Les tours dont l'emplacement est connu ont été figurées en noir. La tour vers Saint-Patrice a été indiquée approximativement d'après le *Livre des Fontaines*. La tour du beffroi n'a pas été portée en raison de l'incertitude existant sur son emplacement et du peu d'importance qu'elle présente au point de vue de la question traitée. La place de la porte vers les champs a été déterminée approximativement d'après le *Livre des Fontaines*.

Fig. 4, 5, 6. — Le mode de représentation adopté pour ces figures est la projection axonométrique, dans laquelle les longueurs parallèles aux trois axes donnés sont mesurables au moyen de l'échelle portée sur ces axes.

Fig. 7. — On a indiqué en traits interrompus la disposition qui résulterait de l'adoption de la forme cylindrique pour le mur extérieur de la cage d'escalier.

Fig. 8. — L'archère existante est marquée en u et son axe en $u\,v$.

Fig. 9 et 9 bis. — Coupe suivant la ligne $x\,y$ des plans 10 et 10 *bis*. Dans la figure 9, la partie supérieure de l'escalier a été arrêtée à la naissance de l'amortissement ou du comble qui en constituait le couronnement.

Fig. 10 et 10 bis. — L'orientation du plan a été choisie de manière à correspondre à la direction $x\,y$, déterminée par la coupe en vue de montrer les diverses parties de la tour. Cette orientation a été adoptée uniformément pour les différents plans (8, 9). La coupe $x\,y$ est faite suivant les diamètres de la tour et de l'escalier, et légèrement décalée vers y pour passer par une baie de la fenêtre. L'archère existante est en u et son axe en $u\,v$.

Sur la figure 10, on a indiqué comme sur la figure 7 la disposition qui résulterait de l'adoption de la forme cylindrique pour le mur extérieur de la cage d'escalier.

La figure 10 *bis* représente le plan de la cour au rez-de-chaussée, dont le mur est cylindrique. Aux étages, le mur est prismatique: les faces sont marquées en traits interrompus.

Fig. 11. — B. Deux entraves en croix, représentées sur le vitrail de Saint-Romain, à la cathédrale de Rouen. — E. Le cadenas placé contre la poutre reproduit la forme d'un cadenas du Moyen Age existant au Musée d'Antiquités du département de la Seine-Inférieure, à Rouen.

Fig. 12. — Vue perspective dressée au moyen de la coupe et du plan de la prison. Le point de vue a été choisi près de la porte.

TABLE

APPENDICE

FIGURES

(1) Reproduit par Ed. Delabarre, dans la *Tour de la Pucelle*, p. 7.

(1) Marcial de l'aris, dit d'Auvergne, *Les Vigilles de la mort de Charles VII, chronique du règne de ce prince.* Paris, veuve de Jehan Trepperel, in-1º gothique du début du XVIᵉ siècle, cahier ɛ₄, rº. — Bibliothèque municipale de Rouen, vol. 0.522 (1402). — Reproduite par A. Sarrazin, dans Le Vieux Château de Rouen, *Bulletin de la Société des Amis des Monuments rouennais*, année 1910, p 107.

Extrait du *Bulletin de la Société libre d'Emulation, du Commerce et de l'Industrie de la Seine-Inférieure*, Année 1921.